한글 세대를 위한 독송용 경전

보현행원품

법륜불자교수회 공인 독송용 경전 ❼

한글 세대를 위한 독송용 경전

보현행원품

[화엄경 보현행원품 — 무비 스님 · 조현춘 공역]

운주사

역자 서문

'사람은 어떻게 살아야 하는가?'

이 질문은 인간이 그 역사를 시작하면서부터 품어온 인간존재에 대한 본질적인 문제일 것입니다. 이것은 매우 어려운 문제지만 그러나 쉽게 대답할 수 있는 말은 '사람으로서 가장 사람답게 사는 일'이라고 할 수 있을 것입니다. 그렇습니다. 사람인 이상 무엇보다도 중요하며 우선해야 할 일이 있다면 그것은 사람으로서 가장 사람답게 사는 일입니다.

그렇다면 어떻게 사는 것이 사람으로서 가장 사람답게 사는 일이겠습니까? 그 문제에 대한 올바른 길을 제시하기 위해서 그 동안 수많은 현철들이 세상에 오시어 많은 가르침들을 남겨 놓았습니다. 불교 역시 사람이 사는 올바른 길을 위한 팔만 사천의 가르침을 제시하고 있습니다.

기계 문명의 발달로 인하여 물질을 누리는 삶은 눈부시게 풍요롭고 편리하게 되었으나 '사람으로서 진정 사람답게 사는 것이 무엇인가'라는 문제에서는 실로 그 의문이 적지 않습니다. 이번에 중요 불교 경전을 공역한 대심거사 조현춘 교수님은 심리학을 연구하여 후학들을 가르치는 한편, 행복훈련원을 세워 많은 사람들에게 행복의 길을 안내하는 참으로 소중한 일을 하시는 분입니다.

그리고 한편으로 부처님의 가르침에 심취하여 '화엄경과 화이트헤드'를 공부하는 모임을 이끌고 있습니다. 이 모임을 통해 부처님의 진리, 즉 '사람이 어떻게 하면 진정 사람답게 사는가?'라는 문제의 해답을 한글세대들의 언어로 제시하고 있습니다. 지금까지 번역한 "한글세대를 위한 독송용 불경(①지장경, ②관음경, ③불유교경, ④백팔대참회문, ⑤금강경, ⑥아미타경, ⑦보현행원품, ⑧예불문·천수경, ⑨일반법회, ⑩매일법회)"이 법륜불자교수회 공식 경전으로 결정되었으며, 한글 금강경을 영어로 옮긴 『The Diamond Sutra』를 펴내기도 했습니다.

모쪼록 참 진리인 부처님 말씀을 한글다운 한글로 읽고, 그 인연공덕으로 삶의 의미를 깨닫게 되기를 바랍니다.

여천 무비(如天 無比)

우리말 독송편

보현행원품 차례

역자 서문 5

【1】 서론 11

【2】 열 가지 넓고 큰 행원 12

【3】 첫째 발원-부처님을 예배 공경함 14

【4】 둘째 발원-공덕장엄 찬양 찬탄함 17

【5】 셋째 발원-부처님께 많이 공양함 19

【6】 넷째 발원-업장들을 모두 참회함 24

【7】 다섯째 발원-남의 공덕 모두 따라 함 26

【8】 여섯째 발원-설법하길 간절히 청함 29

【9】 일곱째 발원-이 세상에 계시길 청함 31

【10】 여덟째 발원-온 세상에 항상 전법함 33

【11】 아홉째 발원-모든 중생 평안하게 함 37

【12】 열째 발원-나의 공덕 모두 회향함 44

【13】 보현행원의 공덕 47

【14】 게송 55

한자어 독송편

【1】序論 95
【2】十種廣大行願 96
【3】禮敬諸佛 97
【4】稱讚如來 100
【5】廣修供養 103
【6】懺悔業障 109
【7】隨喜功德 111
【8】請轉法輪 115
【9】請佛住世 117
【10】常隨佛學 119
【11】恒順衆生 123
【12】普皆廻向 131
【13】普賢行願功德 134
【14】偈頌 145

용어 해설 181

역자 발문 187

일러두기

1. 한글다운 한글로 번역하였습니다.
2. 간단한 설명은 각주로, 긴 설명은 용어해설로 제시하였습니다.
3. 결집자의 설명은 흐린 글씨로 처리하여 대화 내용과 구분하였습니다.
4. 장과 절을 구분하여 독송이나 설법, 연구를 용이하게 하였습니다. 예를 들어, 【2】⑤는 2장 5절을 말합니다.

독경 의식

입으로 지은 업을 씻어내는 진언

수리수리 마하수리 수수리 사바하[1)]
　　　　　　　　　　　(세번)

주위의 신들을 안위하는 진언

나무 사만다 못다남 옴 도로도로 지미 사바하[2)] (세번)

---

1) '깨끗이 깨끗하게 참으로 깨끗하게 완전히 깨끗하게 씻기를 바랍니다'라는 의미입니다.
2) '일체 모든 부처님과 성중들이여! 이 자리에 임하시어 주시옵소서'라는 의미입니다.

경전 독송 전의 게송

높디높고 깊디깊은 부처님말씀
백천만겁 지나가도 듣기힘든데
제가지금 보고들어 지니었으니
부처님의 진실한뜻 이루렵니다.

경전 독송 전의 진언

옴 아라남 아라다[3] (세번)

---

[3] '오! 바른 진리 깊이깊이 깨닫기를 바랍니다'라는 의미입니다.

【1】 서 론

① 보현보살 마하살께서 부처님의 높으신 공덕장엄을[4] 찬양 찬탄하고 나서, 보살님들과 선재 동자님께 말씀하셨습니다. ② 선남자여! 부처님의 공덕장엄은 시방세계[5] 모든 부처님들께서 불가설불가설 불찰극미진수[6] 겁[7] 동안 계속 말씀하시더라도 다 말씀하지 못하십니다. ③ 이러한 공덕장엄을 이루

---

4) 공덕 : 착한 행동을 하여 쌓는 복덕을 말합니다.
5) 시방 : 모든 방향이라는 말입니다.
6) 불가설불가설 불찰극미진수 : 용어해설의 수를 참고하십시오.
7) 겁 : 대개의 경우 긴 세월의 단위로 사용됩니다.

려면, 열 가지 넓고 큰 행원을[8] 닦아야 합니다.

【2】 열 가지 넓고 큰 행원

① 열 가지란 무엇입니까? 첫째는 부처님들을 예배 공경하는 것이요, 둘째는 부처님들의 공덕장엄을 찬양 찬탄하는 것이요, 셋째는 부처님들께 많은 것을 공양하는 것이요, 넷째는 업장을[9] 참회하는[10]

---

8) 행원 : 좋은 행동을 행하기로 맹세하고 구체적으로 실천하는 것을 말합니다.
9) 업장 : 악한 행동을 하여 바른 길을 방해하는 장애를 말합니다.
10) 참회 : 나쁜 행동을 하지 않을 뿐 아니라, 상대적으로 선한 행동을 하겠다는 맹세를 말합니다.

것이요, 다섯째는 남의 공덕 행동을 모두 기쁜 마음으로 따라 행하는 것이요, 여섯째는 설법해 주시기를 간절히 청하는 것이요, 일곱째는 부처님 등께 이 세상에 계셔 주시기를 간절히 청하는 것이요, 여덟째는 항상 부처님의 법을 전하는 것이요, 아홉째는 모든 중생들을 항상 편안히 모시는 것이요, 열째는 모든 공덕을 중생들에게 돌려 드리는 것입니다. ② 선재 동자님께서 말씀하셨습니다. ③ 대 성현님이시여! 첫째인 예배 공경에서부터 열째인 돌려드리는 것까지를 전부 '어떻게 하는 것인지' 가르쳐 주십시오.

【3】 첫째 발원 -부처님을 예배 공경함

① 보현 보살님께서 선재 동자님께 말씀하셨습니다. ② 선남자여! 부처님들을 예배 공경하는 것에 대해 말씀드리겠습니다. ③ "보현행원의11) 힘에 의지하여, 진법계 허공

---
11) 보현행원 : 보현보살이 세워서 실천하는 행원이라는 말입니다.

계12) 시방삼세13) 불찰극미진수 모든 부처님들을 바로 눈앞에 계시듯이 깊이 믿고, 몸과 말과 마음을 다하여 항상 예배 공경하겠습니다. ④ 부처님 계신 곳곳마다 불가설불가설 불찰극미진수 몸을 나타내고, 낱낱 몸으로 불가설불가설 불찰극미진수 모든 부처님들을 항상 예배 공경하겠습니다. ⑤ 허공계가 끝나면 저의 예배 공경도 끝나겠지만, 허공계가 끝나지 않는 한 저의 예

---

12) 허공계 : 빛도 없고 모양도 없으면서 일체 만유를 싸고 있는 허공 전체를 말합니다.
13) 삼세 : 과거세상, 현재세상, 미래세상을 말합니다.

배 공경도 끝나지 않을 것입니다. ⑥ 중생계가14) 끝나고 중생의 업이 끝나고 중생의 번뇌가 끝나면 저의 예배 공경도 끝나겠지만, 중생계나 중생의 업이나 중생의 번뇌가 끝나지 않는 한 저의 예배 공경도 끝나지 않을 것입니다. ⑦ 힘들어하거나 지겨워하지 않고 몸과 말과 마음을 다하여, 끊임없이 계속 예배 공경하겠습니다"라고 행원하는 것입니다.

---

14) 중생계 : 중생들이 윤회하는 육도 전체를 말합니다.

【4】 둘째 발원 -공덕장엄 찬양 찬탄함

① 둘째, 선남자여! 부처님들의 공덕장엄을 찬양 찬탄하는 것에 대해 말씀드리겠습니다. ② "진법계 허공계 시방삼세 불찰극미진 낱낱 티끌 속마다 불찰극미진수 계시는 모든 부처님들의 공덕장엄을 찬양 찬탄하겠습니다. ③ 많은 보살님들께 둘러싸여 계시는, 한 분 한 분 부처님들의 공덕장엄을 모두 바로 눈앞에 계시듯이 깊이 믿고 찬양 찬탄하겠습니다. ④ 음악의 여신보다

더 아름다운 소리를 내고, 낱낱 소리마다 여러 음성을 내고, 낱낱 음성마다 온갖 말을 하여서, 미래세가 다 하도록 계속 부처님들의 한량없는 공덕장엄을 온 법계에 두루 찬양 찬탄하겠습니다. ⑤ 허공계가 끝나고 중생계가 끝나고 중생의 업이 끝나고 중생의 번뇌가 끝나면 저의 찬양 찬탄도 끝나겠지만, 허공계나 중생계나 중생의 업이나 중생의 번뇌가 끝나지 않는 한 저의 찬양 찬탄도 끝나지 않을 것입니다. ⑥ 힘들어하거나 지겨워하지 않고 몸과 말과 마음을 다하여, 끊임없이 계속 찬양 찬탄하겠습니다" 라고 행원하는 것입니다.

【5】셋째 발원-부처님께 많이 공양함
① 셋째, 선남자여! 부처님들께 많은 것을 공양하는 것에 대해 말씀드리겠습니다. ② "보현행원의 힘에 의지하여, 진법계 허공계 시방 삼세 불찰극미진 낱낱 티끌 속마다 불찰극미진수 계시며, 많은 보살님

들께 둘러싸여 계시는 부처님들을 한 분 한 분 모두 바로 눈앞에 계시듯이 깊이 믿고 공양하겠습니다. ③ 정말 귀중한 것들을 공양하겠습니다. ④ 꽃과 꽃다발과 좋은 음악과 좋은 양산과 좋은 옷을 공양하겠습니다. ⑤ 가지가지 좋은 향을 공양하겠습니다. ⑥ 바르는 향과 태우는 향과 뿌리는 향을, 각각 수미산만큼 많이 공양하겠습니다. ⑦ 가지가지 등을 공양하겠습니다. ⑧ 우유등과 기름등과 향유등을[15],

낱낱 심지가 수미산만큼 많이, 낱낱 기름이 바닷물만큼 많이, 항상 공양하겠습니다"라고 행원하는 것입니다. ⑨ 선남자여! 부처님 말씀대로 수행하는 법공양이 모든 공양 가운데에 가장 으뜸이 됩니다. ⑩ 중생을 이롭게 하는 공양과, 중생을 포용하고 수용하는 공양과, 중생의 고통을 대신 받아주는 공양과, 선근을 부지런히 닦는 공양과, 보살다운 행동을 계속하는 공양과,

---

15) 향유등 : 향기가 나는 기름을 사용하는 등불을 말합니다.

보살다운 마음을 유지하는 공양 등이 법공양입니다. ⑪ 선남자여! 앞에서 말한 여러 재물 공양의 공덕도 한량없이 많으나 잠시 동안의 법공양의 공덕에 비하면, 백분의 일에도 미치지 못하며, 천분의 일에도 미치지 못하며, 백천 만억 조 경분의 일에도 미치지 못합니다. ⑫ "부처님들께서 법을 존중하시기 때문에, 부처님들께서 말씀하신 대로 행하면 부처님이 되기 때문에, 법공양을 하는 것이 참으로 부처님께 공양하는 것이며, 참된 공양이며, 가장 넓고 큰 공양입니다. ⑬ 허공계가 끝나고 중생계가 끝나고 중생의 업이 끝나고 중생의 번뇌가 끝나면 저의 공양도 끝나겠지만, 허공계나 중생계나 중생의 업이나 중생의 번뇌가 끝나지 않는 한 저의 공양도 끝나지 않을 것입니다. ⑭ 힘들어하거나 지겨워하지 않고 몸과 말과 마음을 다하여, 끊임없이 계속 공양하겠습니다"라고 행원하는 것입니다.

【6】 넷째 발원 - 업장들을 모두 참회함

① 넷째, 선남자여! 업장을 참회하는 것에 대해 말씀드리겠습니다. ② 항상 참회하는 보살이 되어야 합니다. "한량없는 겁을 내려오면서 탐내는 마음과 성내는 마음과 어리석은 마음에서 몸과 말과 마음으로 한량없이 많은 악한 업을 지었습니다. ③ 저의 악업이 형체가 있다면 허공계를 다 채우고도 남을 것입니다. ④ 이제 몸과 말과 마음을 다하여, 불찰극미진수 모든 부

처님들과 보살님들께 지성으로 참회합니다. ⑤ 다시는 악한 행동을 하지 않고 항상 청정 계율을 지키며, 모든 공덕을 다 짓겠습니다. ⑥ 허공계가 끝나고 중생계가 끝나고 중생의 업이 끝나고 중생의 번뇌가 끝나면 저의 참회도 끝나겠지만, 허공계나 중생계나 중생의 업이나 중생의 번뇌가 끝나지 않는 한 저의 참회도 끝나지 않을 것입니다. ⑦ 힘들어하거나 지겨워하지 않고 몸과 말과 마음을 다하여, 끊임없이 계속 참회하겠습니다"라고 행원하는 것입니다.

【7】 다섯째 발원−남의 공덕 모두 따라 함
① 다섯째, 선남자여! 남의 공덕 행동을 모두 기쁜 마음으로 따라 행하는 것에 대해 말씀드리겠습니다.
② "진법계 허공계 시방삼세 불찰극미진수 모든 부처님들께서 처음 발심하실 때로부터 모든 지혜를 이루실 때까지 목숨도 아끼지 않으시며, 불가설불가설 불찰극미진수 낱

낱 겁마다 불가설불가설 불찰극미진수 머리와 눈과 손발을 바치신 복덕 행동을 모두 기쁜 마음으로 따라 행하겠습니다. ③ 가지가지 난행고행을16) 닦으시고, 가지가지 바라밀을17) 행하시고, 가지가지 보살경계를18) 이루시고, 최고의 바른 깨달음을 이루시고 열반에 드신 뒤 사리를 분포하실 때까지 지으신, 부처님의 선근들을 모두 기쁜 마음

---

16) 난행고행 : 어렵고 힘든 행동을 말합니다.
17) 바라밀 : 완성이라는 의미로, 통상 육바라밀·십바라밀 등 좋은 일의 완성이라는 의미로 사용됩니다.
18) 보살경계 : 보살의 경지 혹은 보살의 지위에서 경험하는 여러 사건들을 말합니다.

으로 따라 행하겠습니다. ④ 시방 삼세 육도사생 모든 중생들의 티끌만한 공덕 행동도 모두 기쁜 마음으로 따라 행하겠습니다. ⑤ 시방 삼세 모든 성문과[19] 연각과 유학과[20] 무학들의[21] 공덕 행동도 모두 기쁜 마음으로 따라 행하겠습니다. ⑥ 최고의 바른 깨달음을 이루기 위해 한량없는 난행고행을 닦은 보살들의 '넓고 큰 공덕 행동'을 모두 기쁜 마음으로 따라 행하겠습니

---

19) 성문 : 부처님의 설법을 직접 들은 제자들을 말합니다.
20) 유학 : 온갖 번뇌를 끊으려고 계정혜를 공부하는 수행자를 말합니다.
21) 무학 : 모든 번뇌를 끊어 없앤 아라한을 말합니다.

다. ⑦ 허공계가 끝나고 중생계가 끝나고 중생의 업이 끝나고 중생의 번뇌가 끝날 때까지 기쁜 마음으로 계속 따라 행하겠습니다. ⑧ 힘들어하거나 지겨워하지 않고 몸과 말과 마음을 다하여, 끊임없이 계속 기쁜 마음으로 따라 행하겠습니다" 라고 행원하는 것입니다.

【8】 여섯째 발원-설법하길 간절히 청함

① 여섯째, 선남자여! 설법해 주시기를 간절히 청하는 것에 대해 말

씀드리겠습니다. ② "진법계 허공계 시방삼세 불찰극미진 낱낱 티끌 속마다 불가설불가설 불찰극미진 수 계시는 부처님들께 설법해 주시기를 간절히 청하겠습니다. ③ 많은 보살님들께 둘러싸여 계시는, 최고의 바른 깨달음을 얻으신 한 분 한 분 부처님들께 미묘법문을22) 설해 주시기를, 몸과 말과 마음을 다 하고, 가지가지 방법을 다 써서 간절히 청하겠습니다. ④ 허공계가

---
22) 미묘법문 : 매우 거룩한 법문이라는 말입니다.

끝나고 중생계가 끝나고 중생의 업이 끝나고 중생의 번뇌가 끝날 때까지 한 분 한 분 부처님들께 바른 법을 설해 주시기를 계속 간절히 청하겠습니다. ⑤ 힘들어하거나 지겨워하지 않고 몸과 말과 마음을 다하여, 끊임없이 계속 간절히 청하겠습니다"라고 행원하는 것입니다.

【9】 일곱째 발원-이 세상에 계시길 청함
① 일곱째, 선남자여! 부처님 등께

이 세상에 계셔 주시기를 간절히 청하는 것에 대해 말씀드리겠습니다. ② "진법계 허공계 시방삼세 불찰극미진수, 반열반에[23] 드시려는 부처님들과 열반에 드시려는 보살님들과 성문과 연각과 유학과 무학과 선지식들께 열반에 들지 마시고 이 세상에 계셔 주시기를 불찰극미진수 겁 동안 계속, 중생들의 행복을 위해, 간절히 청하겠습니다. ③ 허공계가 끝나고 중생계가 끝나고

---

[23] 반열반 : '완전한 열반'을 의미하며, 부처님께서 육신을 버리고 이 세상을 떠나는 것을 반열반이라고 합니다.

중생의 업이 끝나고 중생의 번뇌가 끝날 때까지 계속 간절히 청하겠습니다. ④ 힘들어하거나 지겨워하지 않고 몸과 말과 마음을 다하여, 끊임없이 계속 간절히 청하겠습니다" 라고 행원하는 것입니다.

【10】여덟째 발원-온 세상에 항상 전법함
① 여덟째, 선남자여! 항상 부처님의 법을 전하는 것에 대해 말씀드리겠습니다. ② '비로자나[24] 부처

---

[24] 비로자나 : 이사무애의 법계에 두루 비추어 모두 밝게 하는 진법신이라는 의미입니다.

님께서 사바세계에서 처음 발심하시고 꾸준히 정진하시면서, 불가설 불가설 목숨으로 자신의 피부를 벗겨 종이로 사용하고, 자신의 뼈를 쪼개어 붓으로 사용하고, 자신의 피를 뽑아 먹물로 사용하여 수미산만큼 많은 경전을 써서 보시하셨듯이 저도 그렇게 하겠습니다. ③ 법을 존중하여, 왕위나 성읍이나 촌락이나 궁전이나 정원이나 산림 등의 소유물은 물론 목숨까지도 아끼지 않으시면서, 가지가지 난행고행을 닦으시고 보리수 나무 밑에서 최고의 바른 깨달음을 이루시고, 가지가지 신통 변화를 일으키시며, ④ 가지가지 모습으로 보살의 모임, 성문이나 연각의 모임, 전륜성왕이나 소왕이나 그 권속들의 모임, 찰제리나[25] 바라문이나[26] 장자나[27] 거사의 모임, 하느님이나 용이나 인비인[28] 등 팔부중생들의 모임에 나타나시어, ⑤ 천둥같이

---

25) 찰제리 : 전사나 관리가 되어 나라를 다스리는 종족을 말하며, 왕도 될 수 있으므로 왕족이라고도 합니다.
26) 바라문 : 인도의 사성계급 중 최고 지위인 승려계급을 말합니다.
27) 장자 : 인품이 높은 부자를 말합니다.
28) 인비인 : 사람 같기도 하고 사람 같지 않기도 한 존재를 말합니다.

크고 원만한 음성으로 중생을 성숙시키시고 열반에 드셨듯이 저도 그렇게 하겠습니다. ⑥ 비로자나 부처님처럼, 진법계 허공계 시방삼세 불찰극미진수 모든 부처님들처럼 항상 부처님의 법을 전하겠습니다. ⑦ 허공계가 끝나고 중생계가 끝나고 중생의 업이 끝나고 중생의 번뇌가 끝날 때까지 계속 법을 전하겠습니다. ⑧ 힘들어하거나 지겨워하지 않고 몸과 말과 마음을 다하여, 끊임없이 계속 법을 전하겠습니다"라고 행원하는 것입니다.

【11】아홉째 발원-모든 중생 평안하게 함
① 아홉째, 선남자여! 모든 중생들을 항상 편안히 모시는 것에 대해 말씀드리겠습니다. ② "진법계 허공계 시방세계의 모든 중생들, 알로 생긴 중생이나 태로 생긴 중생이나 습기로 생긴 중생이나 변화하여 생긴 중생이나, 땅에 사는 중생이나 물에 사는 중생이나 불에 사는 중생이나 바람에 사는 중생이나

허공에 사는 중생이나 초목에 사는 중생이나, 모든 중생들을 항상 편안히 모시겠습니다. ③ 태어난 곳이 다르고, 모양이 다르고, 형상이 다르고, 얼굴이 다르고, 수명이 다르고, 종족이 다르고, 이름이 다르고, 심성이 다르고, 지식이나 견해가 다르고, 욕망이 다르고, 행동이나 거동이 다르고, 의복이나 음식이 다른, 모든 중생들을 항상 편안히 모시겠습니다. ④ 산간에 사는 중생이나 시골에 사는 중생이나 작은 도시에 사는 중생이나 큰 도시에 사는 중생이나, 하느님이나[29] 용이나 인비인 등 팔부 중생이나, 발이 없는 중생이나 두 발 가진 중생이나 네 발 가진 중생이나 여러 발 가진 중생이나, 형상이 있는 중생이나 형상이 없는 중생이나, 생각이 있는 중생이나 생각이 없는 중생이나 생각이 있지도 않고 없지도 않은 중생이나, 모든 중생들을 항상 편안히 모시겠습니다. ⑤ 부

---

[29] 하느님 : 육도의 하나로서 선한 행동을 많이 한 사람들이 가는 하늘나라의 중생을 말합니다.

모님을 받들듯이, 스승님이나 아라한이나 부처님을 섬기듯이, 모든 중생들을 받들고 섬기겠습니다. ⑥ 병든 중생에게는 의사가 되어 치료해 드리고, 길 잃은 중생에게는 바른 길을 가리켜 드리고, 어두운 밤에는 빛이 되어 밝혀 드리고, 가난한 중생에게는 재산을 베풀겠습니다. ⑦ 모든 중생을 이롭게 하는 보살이 되겠습니다. ⑧ 중생들을 편안히 모시는 것이 부처님들을 편안히 모시는 것입니다. ⑨ 중생들을 섬기는 것이 부처님들을 섬기는 것입니다. ⑩ 중생들을 기쁘게 하는 것이 부처님들을 기쁘게 하는 것입니다. ⑪ 부처님의 근본은 큰 자비심입니다. ⑫ 중생이 있어야 자비심을 낼 수 있고, 자비심이 있어야 보살의 길을 가려는 마음을 낼 수 있으며, 보살의 길을 가려는 마음이 있어야 최고의 바른 깨달음을 이룰 수 있습니다. ⑬ 모래 벌판에 있는 큰 나무의 뿌리에 물을 주면 줄기와 잎과 꽃과 열매가 모두 무성해집니다. ⑭ '삶과 죽음의 윤회 벌판'에 있는 깨달음의 나무도 마찬가지입니다. ⑮ 모든 중생들은 뿌리이며, 부처님이나 보살님들은 꽃이나 열매입니다. ⑯ 대자대비의 물로 중생들을 이롭게 하는 것이 부처님이나 보살님의 지혜 꽃이나 지혜 열매를 성숙시키는 길입니다. ⑰ 대자대비의 물로 중생들을 이롭게 하는 것이 최고의 바른 깨달음을 이루는 길입니다. ⑱ 중생이 있어야 최고의 바른 깨달음을 이룰

수 있습니다. ⑲ 중생이 없으면 어떤 보살도 최고의 바른 깨달음을 이루지 못합니다"라고 행원하는 것입니다. ⑳ 선남자여! 그대들은 바로 알아야 합니다. "모든 중생들에게 평등한 마음을 가지는 것이 대자대비를 완성하는 길입니다. ㉑ 대자대비의 마음으로 모든 중생들을 항상 편안히 모시는 것이 부처님들이나 보살님들을 항상 편안히 모시는 것입니다. ㉒ 허공계가 끝나고 중생계가 끝나고 중생의 업이 끝나고 중생의 번뇌가 끝날 때까지 계속 편안히 모시겠습니다. ㉓ 힘들어하거나 지겨워하지 않고 몸과 말과 마음을 다하여, 끊임없이 계속 편안히 모시겠습니다"라고 행원하는 것입니다.

【12】 열째 발원 -나의 공덕 모두 회향함
① 열째, 선남자여! 모든 공덕을 중생들에게 돌려드리는 것에 대해 말씀드리겠습니다. ② "첫째인 예배 공경한 공덕에서 아홉째인 편안히

모신 공덕까지의 모든 공덕을, 모든 중생들이 항상 안락하도록, 영원히 어떤 병고도 없도록, 나쁜 일은 하나도 일어나지 않고 좋은 일은 모두 일어나도록, ③ 지옥 아귀 축생계로[30] 가는 문은 모두 닫히고 인간 세상이나 하늘 세상에서 열반으로 이르는 길은 모두 열리도록, 중생들이 스스로 지은 악업 때문에 겪게 되는 모든 고통을 제가 대신 받고 모든 중생들이 해탈하여 최고

---

30) 축생 : 육도의 하나이며, 짐승 등을 말합니다.

의 바른 깨달음을 이루도록 진법계 허공계 모든 중생들에게 돌려드리는 보살이 되겠습니다. ④ 허공계가 끝나고 중생계가 끝나고 중생의 업이 끝나고 중생의 번뇌가 끝날 때까지 계속 돌려드리겠습니다. ⑤ 힘들어하거나 지겨워하지 않고 몸과 말과 마음을 다하여, 끊임없이 계속 돌려드리겠습니다"라고 행원하는 것입니다.

【13】보현행원의 공덕

① 선남자여! 이제 보살 마하살의 열 가지 큰 행원을 모두 말씀드렸습니다. ② 이 큰 행원들을 모두 닦으면, 모든 중생들을 성숙하게 하며, 최고의 바른 깨달음을 이루게 하며, 보현 보살의 한량없는 행원을 모두 이루게 됩니다. ③ 선남자여! 그대들은 바로 알아야 합니다. ④ '시방삼세 불가설불가설 불찰극미진수 세계를 가득 채울 수 있을 만큼 많은 귀중한 금은보화와, 인

간 세상이나 하늘 세상에서의 최고의 평안함을 불찰극미진수 겁 동안 계속, 모든 세계의 중생들에게 보시하고 부처님들과 보살님들께 공양하는 선남자 선여인'이 짓는 공덕은 ⑤ '이 행원을 잠시 동안 귀로 들은 사람'이 짓는 공덕에 비하면 백분의 일에도 미치지 못하며, 천분의 일에도 미치지 못하며, 만억 조경분의 일에도 미치지 못합니다. ⑥ 깊은 신심으로 이 큰 행원의 사행시 하나만이라도 받아 지녀 독송하고 남에게 전해 주면, 무간지옥에 떨어질 다섯 가지 악업이 모두 소멸할 것입니다. ⑦ 몸이나 마음의 병고가 모두 없어지며, 불찰극미진수 악업이 모두 소멸할 것입니다. ⑧ 악마나 야차나 나찰이나[31] 구반다나[32] 비사사나[33] 부다[34] 등 피를 빨고 살을 먹는 악한 귀신들이 모두 멀리 달아나거나 오히려 지켜주고 보호하려는 마음을 낼 것

---

31) 나찰 : 사람을 잡아먹으며 지옥에서 지옥중생을 괴롭히는 귀신입니다.
32) 구반다 : 사람의 정기를 빨아먹으며 말머리에 사람 몸을 하고 있습니다.
33) 비사사 : 서방을 수호하는 귀신을 말합니다.
34) 부다 : 동방을 수호하는 귀신을 말합니다.

입니다. ⑨ 구름 밖으로 나온 달이 온 세상을 비추듯, 이 행원을 독송하는 사람은 아무 장애 없이 세상을 살게 될 것입니다. ⑩ 부처님이나 보살님들께서 칭찬하시며, 세상 사람들이나 하느님들이 예배 공경하고 모든 중생들이 받들어 모실 것입니다. ⑪ 이 사람은 사람 몸을 받아서 보현 보살의 모든 공덕을 다 이루고, 곧 보현 보살님처럼 대장부의 서른 두 가지 거룩한 모습을 갖추게 될 것입니다. ⑫ 인간 세상이나 하늘 세상에 태어나며, 날 때마다 좋은 신분으로 태어날 것입니다. ⑬ 나쁜 곳을 만나지 않고, 나쁜 사람을 만나지 않을 것입니다. ⑭ 모든 짐승들을 굴복시킨 사자왕처럼 모든 외도들을 항복시키고 모든 번뇌에서 완전히 해탈할 것입니다. ⑮ 모든 중생들이 받들어 모실 것입니다. ⑯ 임종하면 모든 감각기관들이 다 무너지고, 모든 친족들이 다 떠나며, 모든 위엄이나 권세가 다 사라지며, 부귀 영

화나 권력이나 집이나 논이나 밭이나 산 등의 재물들은 다 떠나지만, 이 큰 행원들은 떠나지 않고 항상 앞길을 인도할 것입니다. ⑰ 이 사람은 임종하는 즉시 극락세계에 왕생할 것입니다. ⑱ 왕생하는 즉시 모습이 단정하고 엄숙하며 공덕을 구족하고 계시는 문수 보살님과 보현 보살님과 관자재 보살님과 미륵 보살님들께 둘러싸여 계시는 아미타 부처님을 친견할 것입니다. ⑲ 이 사람은 연꽃 세상에 태어나 부처님의 수기를35) 받고, 수기를 받은 후에는 백천 만억 조경 겁 동안 시방세계에서 지혜로써 불찰극미진수 모든 중생들을 이롭게 할 것입니다. ⑳ 깨달음의 도량에서 악마들을 항복시키고 최고의 바른 깨달음을 이루고 미묘 법문을 설할 것입니다. ㉑ 미래 겁이 다 하도록, 불찰극미진수 중생들에게 '최고의 바른 깨달음을 이루려는 마음'이 일어나도록 하며, 근기나 성품

---

35) 수기 : 부처님께서 누구에게 다음 세계에 부처가 될 것을 예언하는 말씀을 말합니다.

에 따라 중생들을 교화하고 성숙시키며, 모든 중생들을 이롭게 할 것입니다. ㉒ 선남자여! 이 큰 행원을 받아 지녀 독송하며 남에게 널리 전해 주는 사람의 공덕을 부처님께서는 아십니다. ㉓ 이 큰 행원들을 들었으니, 의심하지 말고 잘 받아들여야 합니다. ㉔ 받아들이되 읽고, 읽되 소리 내어 읽고, 소리 내어 읽되 항상 가까이 하며, 이 경전을 남에게 널리 전해 주어야 합니다. ㉕ 이 행원을 잠시라도 실천하는 사람은 모두 한량없이 많고 가없이 많은 복을 이룰 것입니다.
㉖ 번뇌의 큰 바다에 빠져 있는 중생들을 제도하여, 아미타 부처님의 극락세계에 왕생하도록 할 것입니다.

【14】 게송

① 이때에 보현보살 마하살께서 시방을 두루 둘러보시고 게송을 부르셨습니다.

1. 부처님을 예배공경함

시방세계 곳곳마다 두루계시는
과거현재 미래세의 부처님들께
지극정성 몸과말과 마음을다해
빠짐없이 예배하고 공경합니다.

보현행원 깊이믿고 닦은힘으로
일체모든 부처님앞 몸나타내고
낱낱몸은 찰진수몸 또나타내어[36]
부처님께 예배하고 공경합니다.

---

36) 찰진수 : 용어해설의 수를 참고하시기 바랍니다.

2. 공덕장엄 찬양 찬탄함

무진법계 찰미진수 티끌속마다[37]
많고많은 보살들께 싸여계시는
극미진수 부처님들 공덕장엄을[38]
깊이믿고 찬양하고 찬탄합니다.

음악여신 미묘하신 온갖말로써
말들마다 온갖음성 모두내어서
부처님의 깊고깊은 공덕장엄을
일체겁이 다하도록 찬양합니다.

---
37) 무진법계 : 사사무애 법계를 말합니다.
38) 극미진수 : 미진수의 제곱을 말합니다. 불찰극미진수와 같은 뜻입니다.

3. 부처님께 많이 공양함

아름답기 그지없는 꽃다발들과
좋은음악 좋은향과 좋은양산들
가장좋고 가장귀한 장엄구로써
한분한분 부처님께 공양합니다.

좋은의복 바르는향 뿌리는향과
태우는향 우유기름 향유등불을
하나하나 수미산의 높이로모아
한분한분 부처님께 공양합니다.

보현보살 높은행원 닦은힘으로

과거현재 미래세의 부처님들을
깊이믿고 이해하는 마음가지며
빠짐없이 두루두루 공양합니다.

4. 업장들을 모두 참회함
한량없이 긴긴세월 내려오면서
탐욕분노 어리석음 삼독때문에
몸과말과 마음으로 지었던죄업
제가지금 빠짐없이 참회합니다.

5. 남의 공덕 모두 따라 함
시방삼세 모든중생 공덕행동과

성문연각 유학무학 공덕행동과
보살님과 부처님의 공덕행동을
모두기쁜 마음으로 따라합니다.

6. 설법하길 간절히 청함
시방세계 비추시는 크고큰등불
먼저바른 깨달음을 이루신님께
높고높은 미묘법문 설하시기를
모든정성 다하여서 간청합니다.

7. 이 세상에 계시길 청함
예배공경 찬양찬탄 공양한복덕

오래계심 법문하심 청했던공덕
따라하고 참회하며 지은선근을
중생들과 깨달음에 모두주고서

이세상을 뜨시려는 부처님등께
영원토록 이세상에 함께계시며
중생에게 이로움과 즐거움주길
모든정성 다하여서 간청합니다.

8. 온세상에 항상 전법함
보현보살 원만행원 닦고익히며
시방삼세 부처님께 공양하면서

높고높은 부처님법 빠트리잖고
영원토록 시방삼세 전하렵니다.

시방세계 많고많은 모든중생이
최고바른 깨달음을 모두이루게
최고바른 깨달음을 모두이루신
시방삼세 부처님법 전하렵니다.

9. 모든 중생 평안하게 함
시방삼세 찰미진수 모든세계를
청정하고 아름답게 장엄하시고
큰보리수 나무아래 앉아계시며

보살들에 둘러싸인 부처님처럼

시방삼세 많고많은 모든중생이
깊고깊은 바른법문 배우고익혀
근심걱정 번뇌벗고 안락하도록
영원토록 편안하게 모시렵니다.

10. 나의 공덕 모두 회향함
(1) 수지원[39]
깨달음을 향한저의 수행공덕을
중생들이 출가하여 계행을닦고

---

[39] 수지원(受持願) : 모든 중생들과 함께 보현행원을 받아 지니겠습니다.

더럽잖고 깨지잖고 새지않으며
숙명통을 이루도록 회향합니다.

천룡들과 야차들과 구반다들과[40]
인비인등 모든중생 음성으로써
낱낱음성 부처님의 미묘법문을
하나하나 빠짐없이 연설합니다.

(2) 수행이리원[41]
잠시라도 보리마음 잊지않으며
온갖정성 육바라밀 닦고닦아서[42]

---
40) 천룡 : 팔부신중 중에서 가장 높은 지위에 있는 하느님과 용을 말합니다.
41) 수행이리원(修行二利願) : 자리이타를 수행하겠습니다.
42) 육바라밀 : 보시바라밀, 지계바라밀, 인욕바라밀, 정진바라밀, 선정바라밀, 지혜바

모든업장 모든허물 멸해버리고
일체모든 미묘행원 성취합니다.

연꽃잎이 물방울에 물들지않듯
해와달이 구름위에 찬란하듯이
미혹한업 악마경계 세상사에도
최고바른 깨달음을 이루렵니다.

(3) 성숙중생행원[43]
시방삼세 일체모든 중생들에게
지옥아귀 축생고통 없애어주고

라밀을 말합니다.
43) 성숙중생행원(成熟衆生行願) : 중생들과 함께 성숙하겠습니다.

모든기쁨 모든행복 만들어주며
영원토록 이로움을 주겠습니다.

보현보살 큰행원을 닦고닦으며
최고바른 깨달음을 모두이루게
미래세상 일체겁이 다할때까지
영원토록 편안하게 모시렵니다

(4) 불리원[44]
보현행원 닦으려는 모든이들과
같은장소 같은곳에 함께모여서

---

44) 불리원(不離願) : 중생들과 함께 수행하겠습니다.

지극정성 몸과말과 마음을다해
모든행원 빠짐없이 닦겠습니다.

나를위해 보현행원 일러주시고
어느때나 나와같이 함께계시며
이로움을 항상주는 선지식들께
어느때나 환희심을 드리렵니다.

(5) 공양원[45]
찰미진수 미래겁이 다할때까지
힘들어도 하지않고 지겨워않고

---
45) 공양원(供養願) : 공양하겠습니다.

불자들에 둘러싸인 부처님들을
항상뵙고 광대공양 올리렵니다.

부처님의 미묘법문 받아지니고
일체모든 보리행을 등불삼아서
찰미진수 미래겁이 다할때까지
지극정성 보현행원 닦겠습니다.

(6) 이익원[46]
시방삼세 넓은세상 살아가면서
무량복덕 무량지혜 항상지으며

---
46) 이익원(利益願) : 이로움을 드리겠습니다.

선정지혜 방편얻고 해탈하여서[47]
한량없이 많은공덕 이루렵니다.

티끌마다 찰미진수 세계가있고
세계마다 보살들께 싸여계시는
상상할수 없이많은 부처님전에
보살의길 행동연습 하겠습니다.

(7) 전법륜원[48]
모든중생 즐겨하는 소리를내고
소리마다 많고많은 음성을내고

---
47) 선정 : 마음을 한 곳에 모아 고요한 경지에 든 상태를 말합니다.
48) 전법륜원(轉法輪願) : 미묘법문을 설하겠습니다.

음성마다 청정하신 부처님말씀
모든말씀 미묘법문 뿐이옵니다.

부처님은 청정하신 말씀하시고
말씀마다 많고많은 음성을내며
음성마다 모든중생 이롭게하니
모든말씀 미묘법문 뿐이옵니다.

과거현재 미래세의 부처님께서
한량없이 많고많은 말씀으로써
깊은이치 묘한법문 연설하시니
깊고깊은 지혜능력 이루렵니다.

(8) 정토원[49]

미래세상 모든겁을 빠뜨리잖고
일념중에 두루두루 들어갑니다.
현재세상 과거세상 모든겁들도
일념중에 두루두루 들어갑니다.

과거현재 미래세의 부처님들을
일념중에 두루두루 찾아뵈옵고
해탈위력 항상있는 꿈같은세계
불경계에 머물도록 서원합니다.

---
49) 정토원(淨土願) : 부처님 세계에 머물겠습니다.

(9) 승사원[50]

불찰극미 작고작은 티끌속마다
시방세계 불찰극미 티끌속마다
나타나는 과거현재 미래세상을
아름답고 깨끗하게 장엄합니다.

성도하고 설법하고 교화하시고
하실일을 마치시고 열반드시는
과거현재 미래세상 비추고계신
무량무수 부처님을 친견합니다.

---

50) 승사원(承事願) : 부처님을 섬기겠습니다.

(10) 성정각원[51]

일념중에 두루하는 신통의힘과
일체문에 두루하는 대승의힘과
지와행을 널리닦은 공덕의힘과
위신으로 널리덮는 자비의힘과

청정장엄 두루하는 복덕의힘과
집착않고 의지않는 지혜의힘과
선정지혜 모든방편 위신의힘과
착한행동 쌓아모은 깨달음의힘

---

51) 성정각원(成正覺願) : 바른 법을 이루겠습니다.

일체모든 선한업을 지었던힘과
일체모든 번뇌들을 멸했던힘과
일체모든 악마들을 항복받은힘
보현행원 원만하게 이룬힘으로

(11) 총결대원52)
무량세계 아름답고 깨끗이하며
일체모든 중생들을 해탈시키며
무량법문 빠짐없이 배우고익혀
깊고깊은 무량지혜 이루렵니다.

---
52) 총결대원(總結大願) : 큰 행원을 모두 맺습니다.

지극정성 몸과말과 마음을다해
일체모든 행원들을 모두이루며
한량없는 부처님을 공양하면서
권태없이 무량겁을 수행합니다.

최고바른 깨달음의 행원이루신
과거현재 미래세의 부처님들께
보현행원 빠짐없이 행해올리며
높고높은 보살의길 이루렵니다.

(12) 결귀보현[53]

부처님의 가르침을 가장잘따른
그이름도 거룩하신 보현보살님
보현보살 지혜행원 모두이루고
제가지은 온갖선근 회향합니다

시방삼세 많고많은 불국토에서
지극정성 몸과말과 마음을다해
모든지혜 이룩하신 보현보살님
보살께서 가신길을 따르렵니다.

---

53) 결귀보현(結歸普賢) : 보현보살처럼 하겠습니다.

(13) 결귀문수[54]

미래세가 다하도록 힘들어않고
미래세가 다하도록 지겨워않고
보현보살 광대행원 모두이루고[55]
문수대원 빠짐없이 이루렵니다.[56]

한량없는 수행들을 닦고닦아서
한량없는 공덕들을 모두이루고
한량없는 선행들을 모두하여서
모든신통 빠짐없이 이루렵니다.

---

54) 결귀문수(結歸文殊) : 문수보살처럼 되겠습니다.
55) 광대행원 : 넓고 큰 행원을 말합니다.
56) 문수대원 : 문수보살이 세워서 실천하는 큰 발원을 말합니다.

(14) 결귀회향[57]

문수보살 용맹지를 모두이루고
보현보살 지혜행을 모두닦은후
문수보현 따르면서 이룬선근을
중생에게 하나하나 회향합니다.

시방삼세 부처님을 찬탄하고서
높고높은 많은행원 모두닦은후
보현보살 높은행원 닦으며이룬
모든선근 빠짐없이 회향합니다.

---

57) 결귀회향(結歸廻向) : 모두 회향하겠습니다.

(15) 원생정토58)

목숨다해 임종하는 마지막순간
모든업장 모든장애 소멸시키고
대자대비 아미타불 만나기위해
아미타불 극락세계 왕생합니다.

고통없는 극락세계 왕생후에도
중생에게 이로움을 주기위하여
보현보살 넓고크고 높은행원을
하나하나 빠짐없이 이루렵니다.

---

58) 원생정토(願生淨土) : 극락세계에 태어나도록 하겠습니다.

부처님의 청정하신 중회도량인
깨끗하고 아름다운 연꽃속에서
무량광불 부처님을 친견하고서
부처님의 성불수기 받겠습니다.

부처님의 성불수기 받은후에도
한량없는 백천만억 몸나타내고
지혜의힘 시방세계 널리펼치어
중생에게 이로움을 주겠습니다

(16) 총결십문무진59)

허공계와 중생계가 끝날때까지
중생업과 중생번뇌 끝날때까지
이러한것 하나라도 남아있는한
영겁토록 보현행원 닦겠습니다.

(17) 경수승공덕60)

시방삼세 모든세계 채울수있는
온갖보배 부처님께 공양하고서
좋은안락 하늘이나 사람들에게
찰진수겁 보시하는 사람보다도

---

59) 총결십문무진(總結十門無盡) : 열 가지 번뇌를 모두 끊겠습니다.
60) 경수승공덕(經殊勝功德) : 이 경을 가까이 하거나 읽는 공덕은 매우 큽니다.

높고높은 보현행원 잠깐이라도
귀로듣고 마음으로 믿음을내고
간절하게 보살의길 가려고하는
이사람이 짓는공덕 저보다많다.

(18) 통현제행익[61]

한순간도 나쁜마음 가지지않고
영원토록 고통세상 만나지않고
부처님의 한량없는 광명속에서
높고높은 보현행원 이루렵니다.

---

[61] 통현제행익(通顯諸行益) : 수행의 여러 가지 공덕들을 보입니다.

날때마다 긴긴수명 향유하면서
날때마다 사람으로 환생하여서
보현보살 크고넓은 모든행원을
하나하나 빠짐없이 이루렵니다.

긴긴세월 우둔하고 어리석어서
무간지옥 빠질중죄 지었더라도
보현보살 큰행원을 읽고읽어서
일념중에 모든중죄 소멸합니다.

날적마다 좋은가문 좋은얼굴과
좋은모습 밝은지혜 원만히이뤄

악마들과 외도들의 범접을막고
삼계중생 온갖공양 받으렵니다.[62]

머지않아 보리나무 밑에앉아서
악마군중 빠짐없이 항복받고서
큰깨달음 이루고서 법을설하여
모든중생 이로웁게 하겠습니다.

(19) 결권수지[63]

보현행원 읽고읽어 받아지니고
남들에게 널리널리 전하여주면

---

62) 삼계 : 욕계, 색계, 무색계를 말합니다.
63) 결권수지(結勸受持) : 받아 지녀 계속 읽기를 권유합니다.

부처님은 그과보를 알수있으며
최고바른 깨달음을 이루옵니다.

보현행원 읽는사람 짓는공덕을
아주작은 일부분만 말씀올리면
잠깐동안 생각하는 공덕으로도
중생들이 청정원을 이루옵니다.

고통바다 빠져있는 모든중생이
아미타불 극락세계 왕생하도록
높고높은 보현행원 닦아온공덕
남김없이 중생에게 드리렵니다.

② 보현보살 마하살께서 부처님 앞에서 지극정성으로 이 넓고 큰 보현행원의 게송을 부르시자 선재 동자님께서는 기뻐하며 한량없이 뛰셨고, 보살님들께서도 모두 크게 기뻐하셨으며, 부처님께서는 '잘하셨습니다. 정말 잘하셨습니다' 하며 칭찬하셨습니다. ③ 부처님께서 거룩하신 보살 마하살들과 함께 이 불가사의 해탈경계의 높은 법문을 다 말씀하셨을 때에, 문수 보살님을 비롯한 큰 보살님들과 이 분들

께서 성숙시키신 육천 스님들, ④ 미륵 보살님을 비롯한 현재 겁의 모든 큰 보살님들, ⑤ 보현 보살님을 비롯한 일생보처이시며[64] 관정위에[65] 이르신 큰 보살님들과 널리 시방 여러 세계에서 모이신 극미진수 모든 보살 마하살, ⑥ 사리불 장로님과[66] 마하 목건련 존자님을 비롯한 큰 성문들과 인간과 범천하느님 등 여러 하느님들과 용과 야차

---

[64] 일생보처 : 지금 생애, 즉 한 생애만 부처님을 좌우에서 보좌하고, 나중에는 부처가 되는 보살의 지위를 말합니다.
[65] 관정위 : 바로 부처가 되는 지위를 말합니다.
[66] 장로 : 지혜와 덕이 높은 스님을 말합니다.

와 건달바와 아수라와 가루라와 긴나라와 마후라가와 인비인 등의 모든 대중들께서 부처님의 말씀을 듣고 모두 크게 기뻐하며 믿고 받들어 행하셨습니다.

한글세대를 위한 독송용 보현행원품 끝

【화엄 성중님 정근】

금강회상 거룩하신 화엄법회에
참석하신 성중들을 염송합니다.

화엄성중!----------화엄성중!

화엄성중 밝은지혜 두루갖추고
온세상의 모든일을 두루아시며
모든중생 한량없이 사랑합니다

화엄성중 님의길을 일심으로
가렵니다

大方廣佛華嚴經 入不思議解脫境界
대방광불화엄경 입불사의해탈경계

普賢行願品
보현행원품

般若 古代 中國 漢語 譯
반야 고대 중국 한어 역

중국 한어 일러두기

1. 무비 현토 화엄경(민족사)를 저본으로 하였습니다.
2. 결집자의 설명은 흐린 글씨로 처리하여 대화 내용과 구분하였습니다.
3. 장과 절을 구분하여 독송이나 설법, 연구를 용이하게 하였습니다. 예를 들어 【1】 ①은 1장 1절을 말합니다.

淨口業眞言
정구업진언

수리수리 마하수리 수수리 사바하(세번)

五方內外安慰諸神眞言
오방내외안위제신진언

나무 사만다 못다남 옴 도로도로 지미 사바하(세번)

開經偈
개경게

無上甚深微妙法 百千萬劫難遭遇
무상심심미묘법 백천만겁난조우

我今聞見得受持 願解如來眞實義
아금문견득수지 원해여래진실의

開法藏眞言
개법장진언

옴 아라남 아라다 (세번)

【1】序論
서론

① 爾時 普賢菩薩摩訶薩 稱歎如
① 이시 보현보살마하살 칭탄여

來勝功德已, 告諸菩薩 及善財言
래승공덕이, 고제보살 급선재언

② 善男子, 如來功德 假使 十方
② 선남자, 여래공덕 가사 시방

一切諸佛 經 不可說不可說 佛刹
일체제불 경 불가설불가설 불찰

極微塵數 劫 相續演說, 不可窮
극미진수 겁 상속연설, 불가궁

盡. ③ 若欲成就 此功德門, 應修
진. ③ 약욕성취 차공덕문, 응수

十種廣大行願.
십종광대행원.

【2】 十種廣大行願
　　　십종광대행원

① 何等 爲十. 一者 禮敬諸佛,
① 하등 위십. 일자 예경제불,

二者 稱讚如來, 三者 廣修供養,
이자 칭찬여래, 삼자 광수공양,

四者 懺悔業障, 五者 隨喜功德,
사자 참회업장, 오자 수희공덕,

六者 請轉法輪, 七者 請佛住世,
육자 청전법륜, 칠자 청불주세,

八者 常隨佛學, 九者 恒順衆生,
팔자 상수불학, 구자 항순중생,

十者 普皆廻向. ② 善財白言 ③
십자 보개회향. ② 선재백언 ③

大聖, 云何禮敬 乃至廻向.
대성, 운하예경 내지회향.

【3】 禮敬諸佛
예경제불

① 普賢菩薩 告善財言 ② 善男
① 보현보살 고선재언 ② 선남

子, 言 禮敬諸佛者. ③ 所有 盡法
자, 언 예경제불자. ③ 소유 진법

界 虛空界 十方三世 一切佛刹 極
계 허공계 시방삼세 일체 불찰극

微塵數 諸佛世尊 我 以普賢行願
미진수 제불세존 아 이보현행원

力故 深心信解 如對目前, 悉以淸
력고 심심신해 여대목전, 실이청

淨身語意業 常修禮敬. ④ 一一佛
정신어의업 상수예경. ④ 일일불

所 皆現 不可說不可說 佛刹極微
소 개현 불가설불가설 불찰극미

塵數 身, 一一身 遍禮 不可說不
진수 신, 일일신 변례 불가설불

可說 佛刹極微塵數 佛. ⑤ 虛空
가설 불찰극미진수 불. ⑤ 허공

界盡 我禮乃盡, 以虛空界 不可盡
계진 아례내진, 이허공계 불가진

故 我此禮敬 無有窮盡. ⑥ 如是
고 아차예경 무유궁진. ⑥ 여시

乃至 衆生界盡 衆生業盡 衆生煩
내지 중생계진 중생업진 중생번

惱盡 我禮乃盡, 而衆生界 乃至煩
뇌진 아례내진, 이중생계 내지번

惱 無有盡故 我此禮敬 無有窮盡.
뇌 무유진고 아차예경 무유궁진.

⑦ 念念相續 無有間斷 身語意業
⑦ 염념상속 무유간단 신어의업

無有疲厭.
무유피염.

【4】 稱讚如來
칭찬여래

① 復次, 善男子, 言 稱讚如來者.
① 부차, 선남자, 언 칭찬여래자.

② 所有 盡法界 虛空界 十方三世
② 소유 진법계 허공계 시방삼세

一切刹土 所有極微 ――塵中 皆
일체찰토 소유극미 일일진중 개

有 一切世界 極微塵數 佛. ③ 一
유 일체세계 극미진수 불. ③ 일

一佛所 皆有菩薩 海會圍遶 我當
일불소 개유보살 해회위요 아당

悉以甚深勝解 現前知見. ④ 各以
실이심심승해 현전지견. ④ 각이

出過 辯才天女 微妙舌根, ――舌
출과 변재천녀 미묘설근, 일일설

根 出 無盡音聲海, ――音聲 出
근 출 무진음성해, 일일음성 출

一切言辭海, 稱揚讚歎 一切如來
일체언사해, 칭양찬탄 일체여래

諸功德海, 窮未來際 相續不斷 盡
제공덕해, 궁미래제 상속부단 진

於法界 無不周遍. ⑤ 如是 虛空
어법계 무부주변. ⑤ 여시 허공

界盡 衆生界盡 衆生業盡 衆生煩
계진 중생계진 중생업진 중생번

惱盡 我讚乃盡, 以虛空界 乃至煩
뇌진 아찬내진, 이허공계 내지번

惱 無有盡故 我此讚歎 無有窮盡.
뇌 무유진고 아차찬탄 무유궁진.

⑥ 念念相續 無有間斷 身語意業
⑥ 염념상속 무유간단 신어의업

無有疲厭.
무유피염.

【5】廣修供養
　　　광수공양

① 復次, 善男子, 言 廣修供養者.
① 부차, 선남자, 언 광수공양자.

② 所有 盡法界 虛空界 十方三世
② 소유 진법계 허공계 시방삼세

一切佛刹 極微塵中 一一各有 一
일체불찰 극미진중 일일각유 일

切世界 極微塵數 佛, 一一佛所
체세계 극미진수 불, 일일불소

種種菩薩 海會圍遶 我 以普賢行
종종보살 해회위요 아 이보현행

願力故 起深信解 現前知見. ③
원력고 기심신해 현전지견. ③

悉以上妙諸供養具 而爲供養. ④
실이상묘제공양구 이위공양. ④

所謂 華雲 鬘雲 天音樂雲 天傘蓋
소위 화운 만운 천음악운 천산개

雲 天衣服雲. ⑤ 天種種香. ⑥ 塗
운 천의복운. ⑤ 천종종향. ⑥ 도

香 燒香 末香, 如是等雲 一一量
향 소향 말향, 여시등운 일일양

如須彌山王. ⑦ 然 種種燈. ⑧ 酥
여수미산왕. ⑦ 연 종종등. ⑧ 수

燈 油燈 諸香油燈, 一一燈炷 如
등 유등 제향유등, 일일등주 여

須彌山, 一一燈油 如大海水, 以
수미산, 일일등유 여대해수, 이

如是燈 諸供養具 常爲供養. ⑨
여시등 제공양구 상위공양. ⑨

善男子, 諸供養中 法供養 最 所
선남자, 제공양중 법공양 최 소

謂 如說修行供養. ⑩ 利益衆生供
위 여설수행공양. ⑩ 이익중생공

養 攝受衆生供養 代衆生苦供養
양 섭수중생공양 대중생고공양

勤修善根供養 不捨菩薩業供養 不
근수선근공양 불사보살업공양 불

離菩提心供養. ⑪ 善男子, 如前
리보리심공양. ⑪ 선남자, 여전

供養 無量功德 比法供養 一念功
공양 무량공덕 비법공양 일념공

德 百分 不及一 千分 不及一 百
덕 백분 불급일 천분 불급일 백

千俱胝那由他分 迦羅分 算分 數
천구지나유타분 가라분 산분 수

分 喩分 優波尼沙陀分 亦不及一.
분 유분 우바니사타분 역불급일.

⑫ 何以故 以諸如來尊重法故, 以
⑫ 하이고 이제여래존중법고, 이

如說行 出生諸佛故, 若諸菩薩 行
여설행 출생제불고, 약제보살 행

法供養 則得成就供養如來, 如是
법공양 즉득성취공양여래, 여시

修行 是眞供養故, 此廣大最勝供
수행 시진공양고, 차광대최승공

養. ⑬ 虛空界盡 衆生界盡 衆生
양. ⑬ 허공계진 중생계진 중생

業盡 衆生煩惱盡 我供乃盡, 而虛
업진 중생번뇌진 아공내진 이허

空界 乃至煩惱 不可盡故 我此供
공계 내지번뇌 불가진고 아차공

養 亦無有盡. ⑭ 念念相續 無有
양 역무유진. ⑭ 염념상속 무유

間斷 身語意業 無有疲厭.
간단 신어의업 무유피염.

【6】 懺悔業障
참회업장

① 復次, 善男子, 言 懺悔業障者.
① 부차, 선남자, 언 참회업장자.

② 菩薩 自念. 我 於過去無始劫
② 보살 자념. 아 어과거무시겁

中 由貪瞋癡 發身口意 作諸惡業
중 유탐진치 발신구의 작제악업

無量無邊. ③ 若此惡業 有體相者
무량무변. ③ 약차악업 유체상자

盡虛空界 不能容受. ④ 我今 悉
진허공계 불능용수. ④ 아금 실

以淸淨三業 遍於法界 極微塵刹
이청정삼업 변어법계 극미진찰

一切諸佛 菩薩衆前 誠心懺悔. ⑤
일체제불 보살중전 성심참회. ⑤

後不復造 恒住淨戒 一切功德. ⑥
후불부조 항주정계 일체공덕. ⑥

如是 虛空界盡 衆生界盡 衆生業
여시 허공계진 중생계진 중생업

盡 衆生煩惱盡 我懺乃盡, 而虛空
진 중생번뇌진 아참내진, 이허공

界 乃至衆生煩惱 不可盡故 我此
계 내지중생번뇌 불가진고 아차

懺悔 無有窮盡. ⑦ 念念相續 無
참회 무유궁진. ⑦ 염념상속 무

有間斷 身語意業 無有疲厭.
유간단 신어의업 무유피염.

【7】 隨喜功德
    수희공덕

① 復次, 善男子, 言 隨喜功德者.
① 부차, 선남자, 언 수희공덕자.

② 所有 盡法界 虛空界 十方三世
② 소유 진법계 허공계 시방삼세

一切佛刹 極微塵數 諸佛如來 從
일체불찰 극미진수 제불여래 종

初發心 爲一切智 勤修福聚 不惜
초발심 위일체지 근수복취 불석

身命 經 不可說不可說 佛刹極微
신명 경 불가설불가설 불찰극미

塵數 劫, 一一劫中 捨 不可說不
진수 겁, 일일겁중 사 불가설불

可說 佛刹極微塵數 頭目手足. ③
가설 불찰극미진수 두목수족. ③

如是 一切難行苦行, 圓滿種種 波
여시 일체난행고행, 원만종종 바

羅蜜門, 證入種種 菩薩智地, 成
라밀문, 증입종종 보살지지, 성

就諸佛無上菩提 及般涅槃 分布
취제불무상보리 급반열반 분포

舍利 所有善根 我皆隨喜. ④ 及
사리 소유선근 아개수희. ④ 급

彼十方 一切世界 六趣四生 一切
피시방 일체세계 육취사생 일체

種類 所有功德 乃至一塵 我皆隨
종류 소유공덕 내지일진 아개수

喜. ⑤ 十方三世 一切聲聞 及辟
희. ⑤ 시방삼세 일체성문 급벽

支佛 有學 無學 所有功德 我皆隨
지불 유학 무학 소유공덕 아개수

喜. ⑥ 一切菩薩 所修無量難行苦
희. ⑥ 일체보살 소수무량난행고

行 志求 無上正等菩提 廣大功德
행 지구 무상정등보리 광대공덕

我皆隨喜. ⑦ 如是 虛空界盡 衆
아개수희. ⑦ 여시 허공계진 중

生界盡 衆生業盡 衆生煩惱盡 我
생계진 중생업진 중생번뇌진 아

此隨喜 無有窮盡. ⑧ 念念相續
차수희 무유궁진. ⑧ 염념상속

無有間斷 身語意業 無有疲厭.
무유간단 신어의업 무유피염.

【8】 請轉法輪
청전법륜

① 復次, 善男子, 言 請轉法輪者.
① 부차 선남자 언 청전법륜자.

② 所有 盡法界 虛空界 十方三世
② 소유 진법계 허공계 시방삼세

一切佛刹 極微塵中 一一各有 不
일체불찰 극미진중 일일각유 불

可說不可說 佛刹極微塵數 一切
가설불가설 불찰극미진수 일체

諸佛. ③ 成等正覺 一切菩薩 海
제불. ③ 성등정각 일체보살 해

會圍遶 而我悉以身口意業 種種
회위요 이아실이신구의업 종종

方便 慇懃勸請 轉妙法輪. ④ 如
방편 은근권청 전묘법륜. ④ 여

是 虛空界盡 衆生界盡 衆生業盡
시 허공계진 중생계진 중생업진

衆生煩惱盡 我常勸請 一切諸佛
중생번뇌진 아상권청 일체제불

轉正法輪 無有窮盡. ⑤ 念念相續
전정법륜 무유궁진. ⑤ 염념상속

無有間斷 身語意業 無有疲厭.
무유간단 신어의업 무유피염.

【9】 請佛住世
청불주세

① 復次, 善男子, 言 請佛住世者.
① 부차, 선남자, 언 청불주세자.

② 所有 盡法界 虛空界 十方三世
② 소유 진법계 허공계 시방삼세

一切佛刹 極微塵數 諸佛如來 將
일체불찰 극미진수 제불여래 장

欲示現 般涅槃者 及諸菩薩 聲聞
욕시현 반열반자 급제보살 성문

緣覺 有學 無學 乃至 一切諸善知
연각 유학 무학 내지 일체제선지

識 我悉勸請 莫入涅槃 經 於一切
식 아실권청 막입열반 경 어일체

佛刹 極微塵數 劫 爲欲利樂 一切
불찰 극미진수 겁 위욕이락 일체

衆生. ③ 如是 虛空界盡 衆生界
중생. ③ 여시 허공계진 중생계

盡 衆生業盡 衆生煩惱盡 我此勸
진 중생업진 중생번뇌진 아차권

請 無有窮盡. ④ 念念相續 無有
청 무유궁진. ④ 염념상속 무유

間斷 身語意業 無有疲厭.
간단 신어의업 무유피염.

【10】 常隨佛學
상수불학

① 復次, 善男子, 言 常隨佛學者.
① 부차, 선남자, 언 상수불학자.

② 如此娑婆世界 毘盧遮那如來
② 여차사바세계 비로자나여래

從初發心 精進不退 以不可說不
종초발심 정진불퇴 이불가설불

可說 身命 而爲布施 剝皮爲紙 析
가설 신명 이위보시 박피위지 석

骨爲筆 刺血爲墨 書寫經典 積如
골위필 자혈위묵 서사경전 적여

須彌. ③ 爲重法故 不惜身命 何
수미. ③ 위중법고 불석신명 하

況王位 城邑聚落 宮殿園林 一切
황왕위 성읍취락 궁전원림 일체

所有, 及餘種種 難行苦行 乃至
소유, 급여종종 난행고행 내지

樹下成大菩提 示種種神通 起種
수하성대보리 시종종신통 기종

種變化, ④ 現種種佛身 處種種衆
종변화, ④ 현종종불신 처종종중

會 或處一切 諸大菩薩 衆會道場,
회 혹처일체 제대보살 중회도량,

或處聲聞 及 辟支佛 衆會道場,
혹처성문 급 벽지불 중회도량,

或處轉輪聖王 小王眷屬 衆會道
혹처전륜성왕 소왕권속 중회도

場, 或處刹利 及 婆羅門 長者 居
량, 혹처찰리 급 바라문 장자 거

士 衆會道場, 乃至 或處天龍八部
사 중회도량, 내지 혹처천룡팔부

人非人等 衆會道場, 處於如是 種
인비인등 중회도량, 처어여시 종

種衆會, ⑤ 以圓滿音 如大雷震
종중회, ⑤ 이원만음 여대뢰진

隨其樂欲 成熟衆生 乃至 示現入
수기락욕 성숙중생 내지 시현입

於涅槃 如是一切 我皆隨學. ⑥
어열반 여시일체 아개수학. ⑥

如今世尊毘盧遮那, 如是 盡法界
여금세존비로자나, 여시 진법계

虛空界 十方三世 一切佛刹 所有
허공계 시방삼세 일체불찰 소유

塵中 一切如來 皆亦如是 於念念
진중 일체여래 개역여시 어념념

中 我皆隨學. ⑦ 如是 虛空界盡
중 아개수학. ⑦ 여시 허공계진

衆生界盡 衆生業盡 衆生煩惱盡
중생계진 중생업진 중생번뇌진

我此隨學 無有窮盡. ⑧ 念念相續
아차수학 무유궁진. ⑧ 염념상속

無有間斷 身語意業 無有疲厭.
무유간단 신어의업 무유피염.

【11】恒順衆生
항순중생

① 復次, 善男子, 言 恒順衆生者.
① 부차, 선남자, 언 항순중생자.

② 謂盡法界 虛空界 十方刹海 所
② 위진법계 허공계 시방찰해 소

有衆生 種種差別, 所謂卵生 胎生
유중생 종종차별, 소위난생 태생

濕生 化生, 或有依於地水火風 而
습생 화생, 혹유의어지수화풍 이

生住者, 或有依空 及諸卉木 而生
생주자, 혹유의공 급제훼목 이생

住者, ③ 種種生類 種種色身 種
주자. ③ 종종생류 종종색신 종

種形狀 種種相貌 種種壽量 種種
종형상 종종상모 종종수량 종종

族類 種種名號 種種心性 種種知
족류 종종명호 종종심성 종종지

見 種種欲樂 種種意行 種種威儀
견 종종욕락 종종의행 종종위의

種種衣服 種種飮食. ④ 處於種種
종종의복 종종음식. ④ 처어종종

村營聚落 城邑宮殿, 乃至 一切
촌영취락 성읍궁전, 내지 일체

天龍八部 人非人等, 無足 二足
천룡팔부 인비인등, 무족 이족

四足 多足, 有色 無色, 有想 無想
사족 다족, 유색 무색, 유상 무상

非有想非無想, 如是等類 我 皆
비유상비무상, 여시등류 아 개

於彼隨順. ⑤ 而轉種種承事種種
어피수순. ⑤ 이전종종승사종종

供養 如敬父母 如奉師長 及阿羅
공양 여경부모 여봉사장 급아라

漢 乃至如來等無有異. ⑥ 於諸病
한 내지여래등무유이. ⑥ 어제병

苦 爲作良醫, 於失道者 示其正
고 위작양의, 어실도자 시기정

路, 於暗夜中 爲作光明, 於貧窮
로, 어암야중 위작광명, 어빈궁

者 令得伏藏. ⑦ 菩薩 如是 平等
자 영득복장. ⑦ 보살 여시 평등

饒益 一切衆生. ⑧ 何以故 菩薩
요익 일체중생. ⑧ 하이고 보살

若能隨順衆生 則爲隨順供養諸
약능수순중생 즉위수순공양제

佛. ⑨ 若於衆生 尊重承事 則爲
불. ⑨ 약어중생 존중승사 즉위

尊重承事如來. ⑩ 若令衆生 生歡
존중승사여래. ⑩ 약령중생 생환

喜者 則令一切如來 歡喜. ⑪ 何
희자 즉령일체여래 환희. ⑪ 하

以故 諸佛如來 以大悲心 而爲體
이고 제불여래 이대비심 이위체

故. ⑫ 因於衆生 而起大悲, 因於
고. ⑫ 인어중생 이기대비, 인어

大悲 生菩提心, 因菩提心 成等正
대비 생보리심, 인보리심 성등정

覺. ⑬ 比如曠野沙磧之中 有大樹
각. ⑬ 비여광야사적지중 유대수

王 若根得水 枝葉華果 悉皆繁茂.
왕 약근득수 지엽화과 실개번무.

⑭ 生死曠野 菩提樹王 亦復如是.
⑭ 생사광야 보리수왕 역부여시.

⑮ 一切衆生 而爲樹根 諸佛菩薩
⑮ 일체중생 이위수근 제불보살

而爲華果. ⑯ 以大悲水 饒益衆生
이위화과. ⑯ 이대비수 요익중생

則能成就 諸佛菩薩 智慧華果. ⑰
즉능성취 제불보살 지혜화과. ⑰

何以故 若諸菩薩 以大悲水 饒益
하이고 약제보살 이대비수 요익

衆生 則能成就 阿耨多羅三藐三
중생 즉능성취 아누다라삼먁삼

菩提故. ⑱ 是故 菩提 屬於衆生.
보리고. ⑱ 시고 보리 속어중생.

⑲ 若無衆生 一切菩薩 終不能成
⑲ 약무중생 일체보살 종불능성

無上正覺. ⑳ 善男子, 汝於此義
무상정각. ⑳ 선남자, 여어차의

應如是解. 以於衆生 心平等故 則
응여시해. 이어중생 심평등고 즉

能成就 圓滿大悲. ㉑ 以大悲心
능성취 원만대비. ㉑ 이대비심

隨衆生故 則能成就 供養如來菩
수중생고 즉능성취 공양여래보

薩. ㉒ 如是 隨順衆生 虛空界盡
살. ㉒ 여시 수순중생 허공계진

衆生界盡 衆生業盡 衆生煩惱盡
중생계진 중생업진 중생번뇌진

我此隨順 無有窮盡. ㉓ 念念相續
아차수순 무유궁진. ㉓ 염념상속

無有間斷 身語意業 無有疲厭.
무유간단 신어의업 무유피염.

【12】普皆廻向
보개회향

① 復次, 善男子, 言 普皆廻向者.
① 부차, 선남자, 언 보개회향자.

② 從初禮拜 乃至隨順 所有功德
② 종초예배 내지수순 소유공덕

皆悉廻向. 盡法界 虛空界 一切衆
개실회향. 진법계 허공계 일체중

生 願令衆生 常得安樂 無諸病苦,
생 원령중생 상득안락 무제병고,

欲行惡法 皆悉不成, 所修善業 皆
욕행악법 개실불성, 소수선업 개

速成就, ③ 關閉 一切 諸惡趣門
속성취, ③ 관폐 일체 제악취문

開示 人天 涅槃正路, 若諸衆生
개시 인천 열반정로, 약제중생

因其積集 諸惡業故 所感一切 極
인기적집 제악업고 소감일체 극

重苦果 我皆代受, 令彼衆生 悉得
중고과 아개대수, 영피중생 실득

解脫 究竟成就 無上菩提 菩薩 如
해탈 구경성취 무상보리 보살 여

是 所修廻向. ④ 虛空界盡 衆生
시 소수회향. ④ 허공계진 중생

界盡 衆生業盡 衆生煩惱盡 我此
계진 중생업진 중생번뇌진 아차

廻向 無有窮盡. ⑤ 念念相續 無
회향 무유궁진. ⑤ 염념상속 무

有間斷 身語意業 無有疲厭.
유간단 신어의업 무유피염.

【13】普賢行願功德
보현행원공덕

① 善男子, 是爲 菩薩摩訶薩 十
① 선남자, 시위 보살마하살 십

種大願 具足圓滿. ② 若諸菩薩
종대원 구족원만. ② 약제보살

於此大願 隨順趣入, 則能成熟 一
어차대원 수순취입, 즉능성숙 일

切衆生, 則能隨順 阿耨多羅三藐
체중생, 즉능수순 아누다라삼먁

三菩提, 則能成滿 普賢菩薩 諸行
삼보리, 즉능성만 보현보살 제행

願海. ③ 是故 善男子, 汝 於此義
원해. ③ 시고 선남자, 여 어차의

應如是知. ④ 若有 善男子 善女
응여시지. ④ 약유 선남자 선여

人 以滿十方 無量無邊 不可說不
인 이만시방 무량무변 불가설불

可說 佛刹極微塵數 一切世界 上
가설 불찰극미진수 일체세계 상

妙七寶 及諸人天 最勝安樂 布施
묘칠보 급제인천 최승안락 보시

爾所一切世界 所有衆生, 供養 爾
이소일체세계 소유중생, 공양 이

所一切世界 諸佛菩薩 經 爾所佛
소일체세계 제불보살 경 이소불

刹極微塵數 劫 相續不斷 所得功
찰극미진수 겁 상속부단 소득공

德 ⑤ 若復有人 聞此願王 一經於
덕 ⑤ 약부유인 문차원왕 일경어

耳 所有功德 比前功德 百分 不及
이 소유공덕 비전공덕 백분 불급

一 千分 不及一 乃至 優波尼沙陀
일 천분 불급일 내지 우바니사타

分 亦不及一. ⑥ 或復有人 以深
분 역불급일. ⑥ 혹부유인 이심

信心 於此大願 受持讀誦 乃至書
신심 어차대원 수지독송 내지서

寫 一四句偈, 速能除滅 五無間
사 일사구게, 속능제멸 오무간

業. ⑦ 所有世間身心等病 種種苦
업. ⑦ 소유세간신심등병 종종고

惱 乃至 佛刹極微塵數 一切惡業
뇌 내지 불찰극미진수 일체악업

皆得消除. ⑧ 一切 魔軍 夜叉 羅
개득소제. ⑧ 일체 마군 야차 나

刹 若鳩槃茶 若毘舍闍 若部多等
찰 약구반다 약비사사 약부다등

飮血噉肉 諸惡鬼神 皆悉遠離 或
음혈담육 제악귀신 개실원리 혹

時發心 親近守護. ⑨ 是故 若人
시발심 친근수호. ⑨ 시고 약인

誦此願者 行於世間 無有障碍 如
송차원자 행어세간 무유장애 여

空中月 出於雲翳. ⑩ 諸佛菩薩之
공중월 출어운예. ⑩ 제불보살지

所稱讚 一切人天 皆應禮敬, 一切
소칭찬 일체인천 개응예경, 일체

衆生 悉應供養. ⑪ 此善男子 善
중생 실응공양. ⑪ 차선남자 선

得人身 圓滿普賢 所有功德. 不久
득인신 원만보현 소유공덕. 불구

當如普賢菩薩 速得成就 微妙色
당여보현보살 속득성취 미묘색

身 具三十二大丈夫相. ⑫ 若生人
신 구삼십이대장부상. ⑫ 약생인

天 所在之處 常居勝族. ⑬ 悉能
천 소재지처 상거승족. ⑬ 실능

破壞 一切惡趣, 悉能遠離 一切惡
파괴 일체악취, 실능원리 일체악

友, ⑭ 悉能制伏一切外道, 悉能
우, ⑭ 실능제복일체외도, 실능

解脫 一切煩惱, 如獅者王 摧伏群
해탈 일체번뇌, 여사자왕 최복군

獸, ⑮ 堪受一切 衆生供養. ⑯ 又
수, ⑮ 감수일체 중생공양. ⑯ 우

復 是人 任命終時 最後刹那, 一
부 시인 임명종시 최후찰나, 일

切諸根 悉皆散壞, 一切親屬 悉皆
체제근 실개산괴, 일체친속 실개

捨離, 一切威勢 悉皆退失, 輔相
사리, 일체위세 실개퇴실, 보상

大臣 宮城內外 象馬車乘 珍寶伏
대신 궁성내외 상마거승 진보복

藏 如是一切 無復相隨, 唯此願王
장 여시일체 무부상수, 유차원왕

不相捨離 於一切時 引導其前. ⑰
불상사리 어일체시 인도기전. ⑰

一刹那中 卽得往生 極樂世界. ⑱
일찰나중 즉득왕생 극락세계. ⑱

到已 卽見阿彌陀佛 文殊師利菩
도이 즉견아미타불 문수사리보

薩 普賢菩薩 觀自在菩薩 彌勒菩
살 보현보살 관자재보살 미륵보

薩等 此諸菩薩 色相端嚴 功德具
살등 차제보살 색상단엄 공덕구

足 所共圍遶. ⑲ 其人自見 生蓮
족 소공위요. ⑲ 기인자견 생연

華中 蒙佛授記, 得授記已 經 於
화중 몽불수기, 득수기이 경 어

無數百千萬億那由他 劫 普於十
무수백천만억나유타 겁 보어시

方 不可說不可說 世界 以智慧力
방 불가설불가설 세계 이지혜력

隨衆生心 而爲利益. ⑳ 不久 當
수중생심 이위이익. ⑳ 불구 당

坐菩提道場 降伏魔軍 成等正覺
좌보리도량 항복마군 성등정각

轉妙法輪. ㉑ 能令 佛刹極微塵數
전묘법륜. ㉑ 능령 불찰극미진수

世界衆生 發菩提心, 隨其根性 敎
세계중생 발보리심, 수기근성 교

化成熟 乃至 盡於未來劫海 廣能
화성숙 내지 진어미래겁해 광능

利益 一切衆生. ㉒ 善男子, 彼諸
이익 일체중생. ㉒ 선남자, 피제

衆生 若聞若信 此大願王 受持讀
중생 약문약신 차대원왕 수지독

誦 廣爲人說 所有功德 除佛世尊
송 광위인설 소유공덕 제불세존

餘無知者. ㉓ 是故 汝等 聞此願
여무지자. ㉓ 시고 여등 문차원

王 莫生疑念 ㉔ 應當諦受. 受已
왕 막생의념 ㉔ 응당제수. 수이

能讀, 讀已能誦, 誦已能持, 乃至
능독, 독이능송, 송이능지, 내지

書寫 廣爲人說. ㉕ 是諸人等 於
서사 광위인설. ㉕ 시제인등 어

一念中 所有行願 皆得成就 所獲
일념중 소유행원 개득성취 소획

福聚 無量無邊. ㉖ 能於煩惱大苦
복취 무량무변. ㉖ 능어번뇌대고

海中 拔濟眾生, 令其出離 皆得往
해중 발제중생, 영기출리 개득왕

生 阿彌陀佛 極樂世界.
생 아미타불 극락세계.

【14】偈頌
　　　게송

① 爾時 普賢菩薩摩訶薩 欲重宣
① 이시 보현보살마하살 욕중선

此義 普觀十方 而說偈言.
차의 보관시방 이설게언.

1. 禮敬諸佛頌
예경제불송

所有十方世界中　三世一切人師子
소유시방세계중　삼세일체인사자

我以清淨身語義　一切遍禮盡無餘
아이청정신어의　일체변례진무여

普賢行願威神力　普現一切如來前
보현행원위신력　보현일체여래전

一身復現剎塵身　一一遍禮剎塵佛
일신부현찰진신　일일변례찰진불

2. 稱讚如來頌
　　칭찬여래송

於一塵中塵數佛　各處菩薩衆會中
어일진중진수불　각처보살중회중

無盡法界塵亦然　深信諸佛皆充滿
무진법계진역연　심신제불개충만

各以一切音聲海　普出無盡妙言辭
각이일체음성해　보출무진묘언사

盡於未來一切劫　讚佛甚深功德海
진어미래일체겁　찬불심심공덕해

3. 廣修供養頌
광수공양송

以諸最勝妙華鬘　伎樂塗香及傘蓋
이제최승묘화만　기악도향급산개

如是最勝莊嚴具　我以供養諸如來
여시최승장엄구　아이공양제여래

最勝衣服最勝香　末香燒香與燈燭
최승의복최승향　말향소향여등촉

一一皆如妙高聚　我悉供養諸如來
일일개여묘고취　아실공양제여래

我以廣大勝解心　深信一切三世佛
아이광대승해심　심신일체삼세불

悉以普賢行願力　普遍供養諸如來
실이보현행원력　보변공양제여래

4. 懺悔業障頌
　　참회업장송

我昔所造諸惡業　皆有無始貪瞋癡
아석소조제악업　개유무시탐진치

從身語意之所生　一切我今皆懺悔
종신어의지소생　일체아금개참회

5. 隨喜功德頌
수희공덕송

十方一切諸衆生　二乘有學及無學
시방일체제중생　이승유학급무학

一切如來與菩薩　所有功德皆隨喜
일체여래여보살　소유공덕개수희

6. 請轉法輪頌
청전법륜송

十方所有世間燈　最初成就菩提者
시방소유세간등　최초성취보리자

我今一切皆勸請　轉於無上妙法輪
아금일체개권청　전어무상묘법륜

7. 請佛住世頌
청불주세송

諸佛若欲示涅槃　我悉至誠而勸請
제불약욕시열반　아실지성이권청

唯願久住刹塵劫　利樂一切諸衆生
유원구주찰진겁　이락일체제중생

所有禮讚供養佛　請佛住世轉法輪
소유예찬공양불　청불주세전법륜

隨喜懺悔諸善根　廻向衆生及佛道
수희참회제선근　회향중생급불도

8. 常隨佛學頌
상수불학송

我隨一切如來學　修習普賢圓滿行
아수일체여래학　수습보현원만행

供養過去諸如來　及與現在十方佛
공양과거제여래　급여현재시방불

未來一切天人師　一切意樂皆圓滿
미래일체천인사　일체의락개원만

我願普隨三世學　速得成就大菩提
아원보수삼세학　속득성취대보리

9. 恒順衆生頌
　　항순중생송

所有十方一切刹　廣大淸淨妙莊嚴
소유시방일체찰　광대청정묘장엄

衆會圍遶諸如來　悉在菩提樹王下
중회위요제여래　실재보리수왕하

十方所有諸衆生　遠離憂患常安樂
시방소유제중생　원리우환상안락

獲得甚深正法利　滅除煩惱盡無餘
획득심심정법리　멸제번뇌진무여

10. 普皆廻向頌
보개회향송

(1) 受持願
수지원

我爲菩提修行時　一切趣中成宿命
아위보리수행시　일체취중성숙명

常得出家修淨戒　無垢無破無穿漏
상득출가수정계　무구무파무천루

天龍夜叉鳩槃茶　乃至人與非人等
천룡야차구반다　내지인여비인등

所有一切衆生語　悉以諸音而說法
소유일체중생어　실이제음이설법

(2) 修行二利願
　　 수행이리원

勤修淸淨波羅密　恒不忘失菩提心
근수청정바라밀　항불망실보리심

滅除障垢無有餘　一切妙行皆成就
멸제장구무유여　일체묘행개성취

於諸惑業及魔境　世間道中得解脫
어제혹업급마경　세간도중득해탈

猶如蓮華不著水　亦如日月不住空
유여연화불착수　역여일월부주공

(3) 成熟衆生行願
　　성숙중생행원

悉除一切惡道苦　等與一切群生樂
실제일체악도고　등여일체군생락

如是經於刹塵劫　十方利益恒無盡
여시경어찰진겁　시방이익항무진

我常隨順諸衆生　盡於未來一切劫
아상수순제중생　진어미래일체겁

恒修普賢廣大行　圓滿無上大菩提
항수보현광대행　원만무상대보리

(4) 不離願
불리원

所有與我同行者　於一切處同集會
소유여아동행자　어일체처동집회

身口意業皆同等　一切行願同修學
신구의업개동등　일체행원동수학

所有益我善知識　爲我顯示普賢行
소유익아선지식　위아현시보현행

常願與我同集會　於我常生歡喜心
상원여아동집회　어아상생환희심

(5) 供養願
공양원

願常面見諸如來　及諸佛子衆圍遶
원상면견제여래　급제불자중위요

於彼皆興廣大供　盡未來劫無疲厭
어피개흥광대공　진미래겁무피염

願持諸佛微妙法　光顯一切菩提行
원지제불미묘법　광현일체보리행

究竟淸淨普賢道　盡未來劫常修習
구경청정보현도　진미래겁상수습

(6) 利益願
　　　이익원

我於一切諸有中　所修福智恒無盡
아어일체제유중　소수복지항무진

定慧方便及解脫　獲諸無盡功德藏
정혜방편급해탈　획제무진공덕장

一塵中有塵數刹　一一刹有難思佛
일진중유진수찰　일일찰유난사불

一一佛處衆會中　我見恒演菩提行
일일불처중회중　아견항연보리행

(7) 轉法輪願
전법륜원

普盡十方諸刹海　一一毛端三世海
보진시방제찰해　일일모단삼세해

佛海及與國土海　我徧修行經劫海
불해급여국토해　아변수행경겁해

一切如來語淸淨　一言具衆音聲海
일체여래어청정　일언구중음성해

隨諸衆生意樂音　一一流佛辨才海
수제중생의락음　일일유불변재해

三世一切諸如來　於彼無盡語言海
삼세일체제여래　어피무진어언해

恒轉理趣妙法輪　我深智力普能入
항전이취묘법륜　아심지력보능입

(8) 淨土願
　　정토원

我能深入於未來　盡一切劫爲一念
아능심입어미래　진일체겁위일념

三世所有一切劫　爲一念際我皆入
삼세소유일체겁　위일념제아개입

我於一念見三世　所有一切人師子
아어일념견삼세　소유일체인사자

亦常入佛境界中　如幻解脫及威力
역상입불경계중　여환해탈급위력

(9) 承事願
　　　승사원

於一毛端極微中　出現三世莊嚴刹
어일모단극미중　출현삼세장엄찰

十方塵刹諸毛端　我皆深入而嚴淨
시방진찰제모단　아개심입이엄정

所有未來照世燈　成道轉法悟群有
소유미래조세등　성도전법오군유

究竟佛事示涅槃　我皆往詣而親近
구경불사시열반　아개왕예이친근

(10) 成正覺願
　　　성정각원

速疾周徧神通力　普門徧入大乘力
속질주변신통력　보문변입대승력

智行普修功德力　威神普覆大慈力
지행보수공덕력　위신보부대자력

徧淨莊嚴勝福力 無着無依智慧力
변정장엄승복력 무착무의지혜력

定慧方便威神力 普能積集菩提力
정혜방편위신력 보능적집보리력

清淨一切善業力 摧滅一切煩惱力
청정일체선업력 최멸일체번뇌력

降伏一切諸魔力 圓滿普賢諸行力
항복일체제마력 원만보현제행력

(11) 總結大願
총결대원

普能嚴淨諸刹海　解脫一切衆生海
보능엄정제찰해　해탈일체중생해

善能分別諸法海　能甚深入智慧海
선능분별제법해　능심심입지혜해

普能淸淨諸行海　圓滿一切諸願海
보능청정제행해　원만일체제원해

親近供養諸佛海　修行無倦經劫海
친근공양제불해　수행무권경겁해

三世一切諸如來　最勝菩提諸行願
삼세일체제여래　최승보리제행원

我皆供養圓滿修　以普賢行悟菩提
아개공양원만수　이보현행오보리

(12) 結歸普賢願
　　　결귀보현원

一切如來有長子　彼名號曰普賢尊
일체여래유장자　피명호왈보현존

我今廻向諸善根　願諸智行悉同彼
아금회향제선근　원제지행실동피

願身口意恒淸淨　諸行刹土亦復然
원신구의항청정　제행찰토역부연

如是智慧號普賢　願我如彼皆同等
여시지혜호보현　원아여피개동등

(13) 結歸文殊願
　　　결귀문수원

我爲徧淨普賢行　文殊師利諸大願
아위변정보현행　문수사리제대원

滿彼事業盡無餘　未來諸劫恒無倦
만피사업진무여　미래제겁항무권

我所修行無有量　獲得無量諸功德
아소수행무유량　획득무량제공덕

安住無量諸行中　了達一切神通力
안주무량제행중　요달일체신통력

文殊師利勇猛智　普賢慧行亦復然
문수사리용맹지　보현혜행역부연

我今廻向諸善根　隨彼一切常修學
아금회향제선근　수피일체상수학

(14) 結歸廻向願
결귀회향원

三世諸佛所稱歎　如是最勝諸大願
삼세제불소칭탄　여시최승제대원

我今廻向諸善根　爲得普賢殊勝行
아금회향제선근　위득보현수승행

(15) 願生淨土願
원생정토원

願我臨欲命終時　盡除一切諸障碍
원아임욕명종시　진제일체제장애

面見彼佛阿彌陀　卽得往生安樂刹
면견피불아미타　즉득왕생안락찰

我旣往生彼國已　現前成就此大願
아기왕생피국이　현전성취차대원

一切圓滿盡無餘　利樂一切衆生界
일체원만진무여　이락일체중생계

彼佛衆會咸淸淨　我是於勝蓮華生
피불중회함청정　아시어승연화생

親覩如來無量光　現前受我菩提記
친도여래무량광　현전수아보리기

蒙彼如來授記已　化身無數百俱胝
몽피여래수기이　화신무수백구지

智力廣大徧十方　普利一切衆生界
지력광대변시방　보리일체중생계

(16) 總結十門無盡願
　　　　총결십문무진원

乃至虛空世界盡　衆生及業煩惱盡
내지허공세계진　중생급업번뇌진

如是一切無盡時　我願究竟恒無盡
여시일체무진시　아원구경항무진

(17) 經殊勝功德
경수승공덕

十方所有無邊刹　莊嚴衆寶供如來
시방소유무변찰　장엄중보공여래

最勝安樂施天人　經一切刹微塵劫
최승안락시천인　경일체찰미진겁

若人於此勝願王　一經於耳能生信
약인어차승원왕　일경어이능생신

求勝菩提心渴仰　獲勝功德過於彼
구승보리심갈앙　획승공덕과어피

(18) 通顯諸行益
통현제행익

卽常遠離惡知識　永離一切諸惡道
즉상원리악지식　영리일체제악도

速見如來無量光　具此普賢最勝願
속견여래무량광　구차보현최승원

此人善得勝壽命　此人善來人衆生
차인선득승수명　차인선래인중생

此人不久當成就　如彼普賢菩薩行
차인불구당성취　여피보현보살행

往昔有無智慧力　所造極惡五無間
왕석유무지혜력　소조극악오무간

誦此普賢大願王　一念速疾皆消滅
송차보현대원왕　일념속질개소멸

族姓種類及容色　相好智慧咸圓滿
족성종류급용색　상호지혜함원만

諸魔外道不能摧　堪爲三界所應供
제마외도불능최　감위삼계소응공

速詣菩提大樹王　坐已降伏諸魔衆
속예보리대수왕　좌이항복제마중

成等正覺轉法輪　普利一切諸含識
성등정각전법륜　보리일체제함식

(19) 結勸受持
　　　결권수지

若人於此普賢願　讀誦受持及演說
약인어차보현원　독송수지급연설

果報唯佛能證知　決定獲勝菩提道
과보유불능증지　결정획승보리도

若人誦此普賢願　我說少分之善根
약인송차보현원　아설소분지선근

一念一切悉皆圓　成就衆生淸淨願
일념일체실개원　성취중생청정원

我此普賢殊勝行　無邊勝福皆廻向
아차보현수승행　무변승복개회향

普願沈溺諸衆生　速往無量光佛刹
보원침익제중생　속왕무량광불찰

② 爾時　普賢菩薩摩訶薩　於如來
② 이시　보현보살마하살　어여래

前　說此普賢　廣大願王　淸淨偈已,
전　설차보현　광대원왕　청정게이,

善財童子 踊躍無量, 一切菩薩 皆
선재동자 용약무량, 일체보살 개

大歡喜, 如來讚言 善哉善哉. ③
대환희, 여래찬언 선재선재. ③

爾時 世尊 與諸聖者 菩薩摩訶薩
이시 세존 여제성자 보살마하살

演說 如是 不可思議 解脫境界 勝
연설 여시 불가사의 해탈경계 승

法門時, 文殊師利菩薩 而爲上首
법문시, 문수사리보살 이위상수

諸大菩薩 及所成熟 六千比丘, ④
제대보살 급소성숙 육천비구, ④

彌勒菩薩 而爲上首 賢劫 一切 諸
미륵보살 이위상수 현겁 일체 제

大菩薩, ⑤ 無垢普賢菩薩 而爲上
대보살, ⑤ 무구보현보살 이위상

首 一生補處 住灌頂位 諸大菩薩
수 일생보처 주관정위 제대보살

及餘十方 種種世界 普來集會 一
급여시방 종종세계 보래집회 일

切刹海 極微塵數 諸菩薩摩訶薩
체찰해 극미진수 제보살마하살

衆 ⑥ 大智舍利弗 摩訶目犍蓮等
중 ⑥ 대지사리불 마하목건련등

而爲上首 諸大聲聞 幷諸人天 一
이위상수 제대성문 병제인천 일

切世主 天龍 夜叉 乾闥婆 阿修羅
체세주 천룡야차 건달바 아수라

迦樓羅 緊那羅 摩睺羅伽 人非人
가루라 긴나라 마후라가 인비인

等 一切大衆 聞佛所說 皆大歡喜
등 일체대중 문불소설 개대환희

信受奉行.
신수봉행.

普賢行願品(般若譯) 終
보현행원품(반야역) 종

華嚴聖衆 精勤
화엄성중 정근

南無金剛會上
나무금강회상

華嚴聖衆! ------- 華嚴聖衆!
화엄성중! ------- 화엄성중!

華嚴聖衆慧鑑明　四洲人事一念知
화엄성중혜감명　사주인사일념지

哀愍衆生如嫡子　是故我今恭敬禮
애민중생여적자　시고아금공경례

용어 해설

불교(佛敎): 나쁜행동 하나라도 하지마시고,   諸惡莫作(제악막작)
　　　　　착한행동 빠짐없이 모두하시고,   衆善奉行(중선봉행)
　　　　　깨끗하고 맑은마음 가지십시오.   自淨其意(자정기의)
　　　　　이세가지 일곱부처 불교입니다.   是諸佛敎(시제불교)

　　　　　　　　　　　　　　　　　　　　　(법구경 여래품)

독송용에 꼭 필요한 용어에 대해서 최소한의 해설만을 제시합니다. 자세한 용어해설은 다른 자료를 참고하시기 바랍니다.

겁(劫) : ① 대개의 경우 긴 세월의 단위로 사용됩니다. ② 범천의 하루, 즉 인간 세계의 사억 삼천이백만 년을 말하기도 합니다. ③ 개자겁; 둘레 40리의 성에 개자를 가득 채운 후 3년마다 한 알씩 가지고 가서, 개자가 없어질 때까지의 시간을 말하기도 합니다. ④ 반석겁; 둘레가 40리 되는 돌을 하느님들이 입는 매우 가벼운 비단 옷으로 3년마다 한 번씩 스쳐 지나가서, 돌이 전부 닳아 없어질 때까지의 시간을 말하기도 합니다.

공덕(功德) : 세 차원에서 생각할 수 있습니다. '① 착한 행동을 하여 복덕을 쌓음, ② 착한 행동을 하여 쌓은 복덕이 누적되어 있음, ③ 자신의 복덕을 누림'의 뜻으로 사용할 수 있습니다. 그러나 공덕을 쌓았으면서도 공덕을 쌓았다는 생각그물에 걸리지 않아야 참으로 공덕을 쌓았다고 할 수 있습니다. 특히 부처님의 말씀을 받아 지녀 독송하거나 남에게 전해 주었으면서도 '부처님의 말씀을 받아 지녀 독송하고, 남에게 전해 주었다는 생각그물에 걸리지 않아야 참으로 전해 주었다'고

할 수 있습니다.

광대행원 : 매우 넓고 큰 행원을 말합니다. 행원은 행동하기로 발원하고 실천하는 것을 말합니다.

극미진수 : 수를 참고하십시오.

나찰 : ① 사람의 혈육(血肉)을 먹는 악귀, 즉 식인귀의 통칭으로 쓰여지기도 하며, 지옥 귀신·악한 귀신·질병귀신 등으로 부르기도 합니다. ② 부처님 법의 교화를 받은 후에는 착한 귀신/4천왕 중의 한 분인 북방 비사문천의 권속으로 바뀝니다.

무진법계 : 끝없이 넓고 큰 법계를 말합니다.

무학 : 속세에서는 무학을 학벌이 전혀 없다는 의미로 사용하지만, 불가에서는 '도라고 하는 학문을 이루었다는 생각그물에 걸리지 않는 사람'이라는 의미로 사용합니다.

문수대원 : 문수보살은 지옥이 완전히 텅텅 빌 때까지 성불을 하지 않겠다고 발원하고 실천하고 있어서, 문수보살의 발원이야말로 참으로 큰 발원이라는 의미에서 사용되는 말입니다.

미래겁 : 겁이라는 말은 무한히 긴 세월입니다. 미래겁은 현재세상의 겁이 끝난 후에 오는 겁을 말합니다.

미래세 : 현재 세상이 끝났을 때에 오는 세상을 말합니다.

미묘법문 : 매우 거룩한 법문이라는 의미입니다.

바라문 : 고대 인도 계급 사회에서 네 계급 중 최상의 계급을 말합니다. 임금보다 윗자리에 있었으며, 신의 후예라고 자칭하며, 다른 세 계급을 장악하였습니다.

반열반 : 일반적으로 부처가 되는 것을 열반했다고 하기도 하고, 이 세상의 고통이 끝났다는 의미에서 일반인들의 죽음을 열반이라고도 합니다. 반열반은 부처님의 죽음, 즉 완전한 열반에 들었다는 의미입니다.

보살경계 : 보살의 경지에 이르렀다는 의미입니다.

보현행원 : 보현보살의 열 가지 행원을 말합니다.

부다 : 아귀 중에서 뛰어난 자로 몸에서 더러운 냄새가 나고, 사람과 짐승을 해치

는 아귀입니다. 사천왕이 거느리는 팔부족의 하나입니다.

비로자나 : 일반적으로 법신을 말합니다. 모든 부처님의 본래적 성품인 빛을 의미합니다.

비사사 : 사천왕이 거느리는 팔부족의 하나이며, 혈육을 먹고 정기를 먹는 귀신으로 알려져 있습니다.

삼계 : 욕계·색계·무색계를 말합니다.

삼세 : 과거·현재·미래를 말합니다.

선정 : 참선을 하여 마음이 완전히 안정된 상태를 말합니다. 육바라밀을 참고하십시오.

성문 제자(聲聞 弟子) : 부처님께 직접 설법을 들었던 제자를 말하며 간략히 성문이라고도 합니다. 가장 대표적인 성문 제자를 십대제자라고 하며, 다음으로 십대제자와 여섯 제자를 합쳐서 십육성이라고 하며, 500아라한, 1,250명의 제자, 12,500명의 제자 등 여러 표현들이 있습니다. 때로는 대승을 알지 못한다는 부정적 의미로 사용되기도 합니다. 불교를 공부하는 사람을 성문(성문제자), 연각(부처님의 가르침을 받지 않고 혼자 깨달음을 이루었다는 의미에서 독각이라고도 함), 보살(대승보살이라고도 함)로 구분하기도 합니다.

성불수기 : 부처님으로부터 다음 생에서 부처가 될 것이라는 예언을 듣는 것을 성불수기 혹은 수기라고 합니다.

수기 : 성불수기와 동의어이며, 부처님께서 보살이나 제자들에게 다음 생애에 부처가 될 것을 예언하시는 말씀을 말합니다.

시방(十方) : ① 동·남·서·북·북동·남동·남서·북서·하방·상방을 말합니다. ② 서양에서는 지구 혹은 우주를 4각형으로 보았기 때문에 반대 개념을 사용하여 동-서, 남-북으로 보았으나, 동양 특히 불교에서는 무한 혹은 원으로 보았기 때문에 사방을 동-남-서-북으로 보았습니다. ③ 오방은 동·남·서·북·중앙을 말합니다. ④ 육방은 동·남·서·북·하방·상방을 말합니다. ⑤ 팔방은 동·남·서·북·북동·남동·남서·북서를 말합니다. 그러나 사방, 오방, 육방, 팔방, 시방은 구분되어 사용되기도 하지만, 모든 방향이라는 동의어로 사용되는 경우가 많습니다.

아귀 : 삼악도의 하나로서, 몸집은 큰데 입이 작아서 항상 배고픈 상태가 연속되는 중생을 말합니다. 혹은 그러한 세계를 말하기도 합니다.

야차 : ① 포악 귀신, 하늘 야차·허공 야차·땅 야차가 있습니다. ② 부처님 법의 교화를 받은 후에는 착한 귀신이 되며, 나찰과 함께 비사문천왕의 권속으로 북방을 수호합니다.

업장 : 업으로 인하여 생기는 장애를 말합니다. 일반적으로 악업으로 인한 장애를 말합니다.

유학 : 도의 경지가 매우 높기는 하지만, '나는 학문을 이루었다는 생각그물'에 걸려있는 성현을 말합니다.

육바라밀 : 가장 중요한 여섯 가지 선행의 완성을 말합니다. 즉 보시, 지계, 인욕, 정진, 선정, 지혜의 완성을 말합니다. 보시는 베푸는 행동, 지계는 불교 도덕에 부합하는 행동, 인욕은 욕됨을 참는 행동, 정진은 게으름을 피우지 않고 부지런히 하는 행동, 선정은 마음을 고요히 통일하는 행동, 지혜는 나쁜 소견을 버리고 참된 소견을 가지는 행동들의 완성을 말합니다.

육성취(六成就) : 새천년 육하원칙을 말합니다. 모든 불경은 원칙적으로 ① 누가 ② 누구랑 ③ 언제 ④ 어디서 ⑤ 무엇을 하시는 것을 ⑥ 누가 보고 들었는가?의 육성취로 시작되어야 합니다.

인비인 : 인간인 듯 인간이 아닌 듯한 중생들을 총칭하는 경우의 용어입니다. 팔부신중 전체를 말하기도 하고, 어느 한 중생을 말하기도 합니다.

장로 : 지혜와 덕이 높은 사람을 말합니다.

중생 : 육도(하늘, 인간, 아수라, 축생, 아귀, 지옥)를 윤회하는 생명체를 통칭하는 말입니다.

진법계 : 모든 법계라는 의미도 있고, 법계의 경계라는 의미도 있습니다.

찰미진수 : 수를 참고하십시오.

찰제리 : 인도의 둘째로 높은 계급인 왕족을 의미합니다.

찰진수 : 수를 참고하십시오.

참회 : 잘못을 회개하고 다시는 하지 않으려는 발원을 말합니다.

천룡 : 천룡팔부의 약칭입니다.

천룡팔부 : 부처님의 법을 수호하는 신장들을 말합니다. 즉 하느님, 용, 야차, 아수라, 가루라, 건달바, 긴나라, 마후라가를 말합니다. 이 가운데서 하느님과 용이 으뜸이므로 통상 하늘 천과 용 용자를 머리에 두어 천룡팔부라고 합니다.

하느님 : 하늘나라에 사는 중생들을 말합니다. 하늘의 복이 다하면 다시 육도의 다른 길을 가게 되므로 중생으로 봐야 합니다.

향유등 : 일반적인 기름이 아닌 향기가 아주 좋은 기름을 사용하는 등불을 말합니다.

허공계 : 보이지 않는 허공의 세계를 말합니다. 없다는 의미가 아니라 각 중생들의 감각으로는 '없는 것으로 감지되어지는 세계'를 말합니다.

역자 발문

행복훈련과 불교

역자는 심리학 교수입니다. 더 분명히 말하면 상담심리전문가, 심리치료자, 정서·행동 장애아 교육학자입니다. 서양 이론들의 한계를 극복하고자 동양의 지혜를 심리상담에 접목시키려 하던 중 '행복훈련'을 개발하였습니다. 행복훈련 참석자들은 거의 전원이 '자신을 위대한 성현으로 존경하고, 가족·이웃을 자신의 몸과 같이 사랑할 수 있는 격한 경련'을 경험합니다. 정상인은 물론이고 우울증·불안·강박증·불면증 등의 신경증 환자와 정신분열증 진단 환자까지도 상당한 호전을 보이며 인생 최고의 행복을 체험합니다. 서양의 어떤 심리상담에서보다도 많은 행복을 주었다고 자부합니다.

행복훈련이 성공을 거두었던 가장 큰 이유는 아마도 동양의 지혜에 대한 관심이었을 것으로 봅니다. '동양의 지혜'라면 누가 뭐라 하여도 불교입니다. 불교라면 누가 뭐라 하여도 금강경입니다. 20대 초반에 시작된 동양 유랑은 50이 되면서 초점을 잡고 금강경을 공부하게 되었습니다. 금강경을 독송하던 중, 필자는 '근원도 알 수 없는, 나 자신의 저 깊고 깊은 곳에서 생명의 빛이 흘러나오는 것'을 발견했습니다. '나와 모든 생명이 함께 하는 빛, 생명의 빛'이 나의 깊은 곳에서 나오고 있었습니다. 나의 웃음 속에 묻어 있던 공허함은 급격히 감소되고 나의 웃음은 더 우렁차게 되었습니다. 여러 신비체험들은 감히 여기 싣지 않겠으나, 날씨와는 무관하게 밖에서 불어오는 법풍(法風, 진리의 바람)은 필자의 몸과 마음을 지금도 가끔씩 시원하게 해 주고 있습니다. 상담심리학자로서의 필자는 '남을 위한 행복훈련'의 작은 집에서 벗어나 '나와 남을 함께 행복나라로 안내하는 진정한 행복훈련자'가 되어 가고 있습니다.

혼자 보기가 너무 안타까워서 선배·동학들과 뜻을 보아 현대어로 번역하고 무비스님의 권유로 출간한 것이 인연이 되어 지금은 행복훈련보다 불교 경전 번역에 더 강력한 추진력을 갖게 되었습니다.

고맙습니다

역자가 부처님 말씀을 번역하여 출간할 수 있게 된 배경에는 너무나 많은 분들의 은혜가 있었습니다. 도저히 존함들을 나열할 수 없을 정도로 많습니다. 다음 분들에게 특히 많은 은혜를 입었습니다.

첫 고마움은 아무래도 용성스님을 비롯 앞서 이 길을 걸었던 많은 불경 번역가들에게 전해야 할 것 같습니다. 중국인들조차 거의 읽지 못하는 고대 중국한어를 번역하느라 참으로 수고하셨습니다. 화화회(화엄경과 화이트헤드를 연구하는 모임)에서 발표한 저의 초역은 선배 번역가들의 번역을 약간 현대어로 바꾼 것에 불과합니다.

둘째 고마움은 안형관 선배님과 강수균 선배님을 비롯한 화화회 회원들에게 드려야 할 것 같습니다. 사독비나 회의비는커녕 식사비조차도 각자 지참하면서 몇 년에 걸쳐 매주 몇 시간씩 원고를 교정해 주고 가르쳐 주신 두 분 선배님과 강태진, 전영숙, 김정자, 김정옥, 정희교, 박호진, 조현재, 이근배, 왕가년, 송위덕, 최경희, 이희백, 정기언, 최명식, 권현용, 박정숙, 황경열, 최송실, 김남희, 박현조, 김연지, 고원자, 전태옥, 이경순 회원님들을 비롯한 수많은 회원들에게 깊은 감사를 드립니다.

셋째 고마움은 무비스님께 올려야 할 것 같습니다. 천진난만하시며(?), 대자대비에도 걸리지 않으시는 '살아계시는 대 성현의 모습'을 보여 주시고, 자상한 가르침을 베풀어 주셨습니다. 처음 금강경에 대해서 감수를 해 주셨다가, 이제는 공역자의 자리에까지 내려와 주셨습니다. 황송하고 황망할 뿐입니다. 참으로 고맙습니다.

또한 제 건강상의 문제로 영어금강경을 포기할 즈음에 용기와 희망을 주신 중앙승가대학교의 미산스님께 말로는 도저히 표현할 수 없을 큰 은혜를 입었습니다. 그 외에도 참으로 많은 스님들의 질타와 격려를 받았습니다. 안성 도피안사의

송암스님, 대구 경북불교대학의 돈관스님, 대구 운문승가대학의 일진스님, 마지막으로 인간의 향기로 감화를 주신 혜국스님께 감사를 올립니다.

출간을 허락해 준 출판사에도 깊은 감사를 드립니다. 또한 책 내용의 출판권은 당연히 출판사에 있으나, 각 사찰의 신행 수첩이나 다른 출판사의 불교 성전 혹은 인터넷에서도 활용할 수 있습니다. 그렇지만, 역자의 서면 동의를 받은 후에 사용해 주시면 고맙겠습니다. 신행 수첩 등에 활용할 수 있도록 협조해 주신 출판사에 진심으로 감사드립니다.

더불어, '한글특별법회'나 '불교의식'이 발간되기 전이라도 문병의식·문상의식·돌의식·생일의식·회갑의식·칠순의식·수련회 등에서 사용할 수 있는 약본 한글법요집을 준비하고 있습니다. 고대 중국 한어 법회에서 벗어나 한글다운 한글로 된 법요집으로 법회를 하고자 하시는 사찰이나 신행단체 혹은 신도님들의 많은 관심과 격려를 부탁드립니다.

모두 모두 부처님 되십시오. 대심 조현춘(010-9512-5202) 합장.

무비(無比) 스님
- 범어사에서 如幻 스님을 은사로 출가 · 해인사 강원 졸업
- 통도사 강주(역임) · 조계종 종립 승가대학원 원장(역임)
- 조계종 교육원장(역임) · 범어사 승가대학장(현)
- http://cafe.daum.net.yumhwasil
- 역·저서 : 임제록강설, 사람이 부처님이다, 금강경 이야기, 금강경오가해, 보현행원품 강의, 화엄경 강의, 법화경(상, 하), 한글 화엄경(12권), 무비스님과 함께 하는 불교공부, 지장경 강의 등.

대심(大心) 조현춘
- 경북대학교 심리학과 교수(현) · 법륜불자교수회 회장(역임)
- 행복훈련원 지도교수(현) · 화엄경과 화이트헤드연구회 회장(현)
- 한국동서정신과학회 회장(역임)
- 홈 : www-2.knu.ac.kr/~happiness 한국동서정신과학회 행복교실
- 저·역서 : 심리상담과 치료의 이론과 실제, 성격심리학, 아동이상심리학, 실험심리학, 집단심리상담의 이론과 실제, 일상 심리학의 이해, The Diamond Sutra 등.

무비 스님과 조현춘 교수의 공동 역서
① 한글세대를 위한 독송용 지장경,   ② 한글세대를 위한 독송용 관음경,
③ 한글세대를 위한 독송용 불유교경, ④ 한글세대를 위한 독송용 백팔대참회문,
⑤ 한글세대를 위한 독송용 금강경,   ⑥ 한글세대를 위한 독송용 아미타경,
⑦ 한글세대를 위한 독송용 보현행원품, ⑧ 한글세대를 위한 독송용 예불문(천수경),
⑨ 한글세대를 위한 독송용 일반법회, ⑩ 한글세대를 위한 독송용 매일법회

한글세대를 위한 독송용 보현행원품

초판 1쇄 발행/2005년 8월 25일 ■ 초판 3쇄 발행/2013년 3월 22일

공역/무비·조현춘
펴낸이/김시열
펴낸곳/도서출판 운주사

등록 제2-754호
주소/서울특별시 성북구 동소문동 4가 270번지
Tel/02)926-8361, Fax/0505)115-8361

값 **8,000원**

잘못된 책은 바꾸어 드립니다.